이규환 지음

제일어학

머리말

일본어 학습자 여러분 안녕하세요.《작렬 新JLPT 일본어능력시험 N1문법》저자 이규환입니다. 오늘날 세계 각지에서 일본어를 배우는 학습자 수가 급속히 증가하고 있습니다. 더욱이 해외에 있는 일본어 학습자가 그 어학력을 실제로 활용할 수 있는 기회는 점점 늘고 있습니다. 또한 습득한 일본어 능력을 객관적으로 측정하여 공식적으로 인정받는 제도를 요청하는 목소리가 일본어 학습자들 사이에 높아져 왔습니다. 국제교류기금 및 일본국제교육지원협회는 이러한 요망에 부응하기 위하여, 일본 문부성과 일본 외무부 및 주대한민국 일본대사관의 후원하에 1984년(총 15개 국가 21개 도시에서 7,998명 응시)부터 일본 국내 및 해외에서 일본어를 모국어로 하지 않는 사람을 대상으로 일본어 능력을 측정하고 인정함을 목적으로 하는 제1회 일본어능력시험을 실시하였습니다. 일본어능력시험(JLPT)은 일본 정부가 공인하는 세계 유일의 일본어 시험인 만큼 2009년에는 수험자 수가 전 세계 54개국 77만 명에 달하는 세계 최대 규모의 일본어 시험으로 발전하였습니다. 단순 일본어 능력의 평가에서 벗어나 일본의 대학, 전문대학, 전문학교, 국내 대학교의 어학특기자전형, 입사, 승진 등의 평가 지표로도 널리 활용되고 있습니다. 다양화된 수험자와 수험 목적의 변화에 발맞춰, 일본어능력시험은 지난 20여 년간 축적된 시험 결과 데이터와 시험에 관한 요망을 바탕으로 2005년 '일본어능력시험 개선에 관한 검토회'를 설치하고 많은 전문가의 협력을 얻어 2010년〈새로운 일본어능력시험(新JLPT)〉을 실시하게 되었습니다.

2010년 7월부터 실시되고 있는 新일본어능력시험(新JLPT)은 기존의 1급-2급-3급-4급의 4단계에서 N1-N2-N3-N4-N5의 5단계로 단계가 조정되었습니다. 여기에서 뜻하는 N은 'New(신)'와 'Nihongo(일본어)'의 첫 글자인 N을 가리킵니다. 개정되면서 시험 유형 또한 변화가 있습니다. 기존 방식이 단순 암기식의 유형이었다면 새로운 시험은 커뮤니케이션 능력을 측정하고자 하는 유형으로 탈바꿈했다는 것을 알 수 있습니다. 청해와 독해의 비중이 대폭 증가하였습니다. 특히 독해의 경우에는 단순히 어휘만 알고 해석만 된다고 풀 수 있는 문제보다는 논리적인 사고력과 독해력을 측정하는 유형이 대부분입니다. 문법 또한 해를 거듭할수록 단순히 기능어(문형)를 묻는 유형에서 탈바꿈하여 실생활 일본어 문법을 묻는 유형으로 크게 바뀌고 있다는 사실을 파악하셔야 합니다. 교육 현장에서 일본어 교육을 담당하고 있는 저도 정확한 출제유형을 파악하기 위해서 일본어 수험생 여러분들과 마찬가지로 매회 시험에 응시하고 있습니다.

저자가 문법 교재를 집필하게 된 계기는, 새롭게 개정되어 실시되고 있는 新일본어능력시험의 출제유형과 현재 시판되고 있는 문법교재들의 유형이 너무도 상이하다는 생각이 들었기 때문입니다. 2010년 7월에 맞춰 급하게 출판된 교재들은 과거의 유형인 단순히 기능어(문형)만을 묻는 문제가 대부분입니다. 하지만 최근 출제 유형을 분석해 보면 단순히 기능어만을 묻는 문제는 거의 출제되지 않고 있습니다. 기능어(문형)가 주어지고 어떤 뉘앙스의 문장이 뒤에 오는지를 묻는 '문말표현', '조사', '수동', '사역', '사역수동', '존경어', '겸양어', '대화문' 등의 문제가 주를 이루고 있습니다. 저자는 이러한 최신 출제유형을 철저 분석하여 출제유형에 가장 가깝도록 집필하였습니다. 그리고 시험만이 아닌 정확한 일본어를 구사할 수 있도록 같은 뜻, 비슷한 뜻을 지닌 문형(문법)을 시리즈별로 묶어서 세세한 뉘앙스 차이를 설명해 놓았습니다. 예문 또한 딱딱한 문장체만이 아닌 실생활에서 활용할 수 있는 재미있고 실용적인 예문들로 구성되어 있습니다.

여러분! "지피지기면 백전백승"이라고 하였습니다. 문법이 지닌 정확한 뉘앙스를 알고 정확한 출제유형을 파악하고 계신다면 일본어를 구사하는 능력과 문제 푸는 속도가 달라집니다. 정확한 출제유형과 올바른 학습 방향을 제시하는 교재로 준비를 하신다면, 그렇지 않은 경우보다 10점 이상은 더 확보하실 수 있습니다.

저자는 일본어를 학습하는 데 있어서 정확한 일본어 구사능력과 합격률을 높여 드리고자 심혈을 기울여 본 교재를 집필하였습니다. '자기능력진단', '대학진학시험', '졸업시험', '입사시험', '승진시험', '해외파견시험', '커뮤니케이션 능력 향상'에 대비하여 본 교재를 이용하시는 학습자 여러분들께 조금이나 도움이 되셨으면 하는 바람입니다. 마지막으로 출판에 도움을 주신 (도서출판)제일어학 배경태 대표님께 이 자리를 빌어 감사를 표합니다.

이규환

新일본어능력시험 소개

1. 일본어능력시험의 목적과 실시

오늘날 세계 각지에서 일본어(日本語)를 배우는 학습자 수가 급속히 증가하고 있습니다. 더욱이 해외에 있는 일본어 학습자가 그 어학력을 실제로 활용할 수 있는 기회는 점점 늘고 있습니다. 또한 습득한 일본어 능력(日本語能力)을 객관적으로 측정하여 공식적으로 인정받는 제도를 요청하는 목소리가 일본어 학습자들 사이에 높아져 왔습니다. 국제교류기금(國際交流基金) 및 일본국제교육지원협회(日本國際敎育支援協會)는 이러한 요망에 부응하기 위하여 1984년부터 일본 국내 및 해외에서 일본어를 모국어로 하지 않는 사람을 대상으로 일본어 능력을 측정하고 인정함을 목적으로 하는 일본어능력시험을 실시하고 있습니다. 시작 당시의 수험자 수는 7,000명 정도였으나 2009년 수험자 수는 전 세계 54개국 77만 명에 달하여 세계 최대 규모의 일본어 시험으로 발전했습니다. 다양화된 수험자와 수험 목적의 변화에 발맞춰, 일본어능력시험은 지난 20여 년간 축적된 시험 결과 데이터와 시험에 관한 요망을 바탕으로 2005년 '일본어능력시험 개선에 관한 검토회'를 설치하고 많은 전문가의 협력을 얻어 2010년 새로운 〈일본어능력시험〉을 실시하게 되었습니다.

2. 개정 포인트

1) 과제 수행을 위한 언어 커뮤니케이션 능력을 측정합니다.

과제 수행을 위한 언어 커뮤니케이션 능력을 측정하는 일본어에 관한 지식과 함께, 실제로 운용할 수 있는 일본어 능력을 중시합니다. 그 때문에 문자·어휘·문법이라고 하는 언어 지식과 그 언어 지식을 이용해 커뮤니케이션상의 과제를 수행하는 능력을 측정합니다.

2) 레벨이 4단계에서 5단계로 늘어났습니다.

레벨이 예전 시험의 4단계(1급, 2급, 3급, 4급)에서 5단계(N1, N2, N3, N4, N5)로 늘어났습니다. 새로운 시험의 레벨과 예전 시험의 레벨을 비교해 보면 다음과 같습니다.

N1	예전 시험의 1급보다 약간 높은 레벨입니다. 합격선은 예전 시험과 거의 같습니다. 폭넓은 장면에서 사용되는 일본어를 이해할 수 있어야 합니다.
N2	예전 시험의 2급과 거의 같은 레벨입니다. 일상적인 장면에서 사용되는 일본어의 이해를 넘어서 더 폭넓은 장면에서 사용되는 일본어를 어느 정도 이해할 수 있어야 합니다.
N3	예전 시험의 2급과 3급 사이의 레벨입니다. 일상적인 장면에서 사용되는 일본어를 어느 정도 이해할 수 있어야 합니다. (신설)
N4	예전 시험의 3급과 거의 같은 레벨입니다. 기본적인 일본어를 거의 이해할 수 있어야 합니다.
N5	예전 시험의 4급과 거의 같은 레벨입니다. 기본적인 일본어를 어느 정도 이해할 수 있어야 합니다.

*N은 「Nihongo(일본어)」, 「New(새롭다)」를 나타냅니다.

3) 1년에 2회 실시

新일본어능력시험은 7월 첫째 주 일요일과 12월 첫째 주 일요일로 정해져 있습니다.

4) 합격점 이상만 받으면 합격하였던 절대평가 방식과 달리 시험 난이도에 따라 합격점 기준이 변하는 상대평가 방식으로 바뀌었습니다.

5) 청해의 비중이 예전 25%에서 33.3%로 높아졌습니다.

6) 과목낙제(과락)가 신설되어, 각 과목의 득점 구분에서 기준점 이상을 받아야 합격입니다.

3. 시험 과목과 시험 시간

각 레벨의 시험 과목과 시험 시간은 다음과 같습니다.

레벨	시험 과목(시험 시간)		
N1	언어지식(문자, 어휘, 문법), 독해 (110분)		청해 (60분)
N2	언어지식(문자, 어휘, 문법), 독해 (105분)		청해 (50분)
N3	언어지식(문자, 어휘) (30분)	언어지식(문법), 독해 (70분)	청해 (40분)
N4	언어지식(문자, 어휘) (30분)	언어지식(문법), 독해 (60분)	청해 (35분)
N5	언어지식(문자, 어휘) (25분)	언어지식(문법), 독해 (50분)	청해 (30분)

* 시험 시간은 변경되는 경우도 있습니다. 청해는 시험 문제 녹음의 길이에 따라 시험 시간이 바뀝니다.

N1과 N2의 시험 과목은 ①「언어지식(문자, 어휘, 문법)·독해」, ②「청해」의 두 과목입니다. N3, N4, N5의 시험 과목은 ①「언어지식(문자, 어휘)」, ②「언어지식(문법)·독해」, ③「청해」의 세 과목입니다.

4. 시험 결과

1) 시험 결과의 표시

각 레벨의 득점 구분과 득점 범위는 다음과 같습니다.

레벨	득점 구분	득점 범위
N1	언어지식(문자, 어휘, 문법)	0~60
	독해	0~60
	청해	0~60
	종합득점	0~180
N2	언어지식(문자, 어휘, 문법)	0~60
	독해	0~60
	청해	0~60
	종합득점	0~180
N3	언어지식(문자, 어휘, 문법)	0~60
	독해	0~60
	청해	0~60
	종합득점	0~180
N4	언어지식(문자, 어휘, 문법), 독해	0~120
	청해	0~60
	종합득점	0~180
N5	언어지식(문자, 어휘, 문법), 독해	0~120
	청해	0~60
	종합득점	0~180

N1, N2, N3의 득점 구분은 ①언어지식(문자, 어휘, 문법), ②독해, ③청해의 3구분입니다.

N4, N5의 득점 구분은 ①언어지식(문자, 어휘, 문법), 독해, ②청해의 2구분입니다.

2) 합격·불합격의 판정기준

종합득점과 각 득점 구분의 기준점 두 개에서 합격 여부가 판정됩니다. 기준점이란, 각 득점 구분으로 적어도 이 이상은 필요하다고 하는 득점입니다. 득점 구분의 득점이 하나라도 기준점에 이르지 못하면, 종합득점이 아무리 높아도 불합격 처리됩니다. 각 득점 구분에 기준점을 두는 것은 학습자의 일본어 능력을 종합적으로 평가하기 위함입니다.

레벨	합격점	기준점		
		언어지식	독해	청해
N1	100	19	19	19
N2	90	19	19	19
N3	95	19	19	19
N4	90	38		19
N5	80	38		19

5. 문제의 구성

각 레벨에서 출제되는 문제의 구성과 문항 수는 다음과 같습니다.

시험 과목		문제의 종류	문항 수 ※				
			N1	N2	N3	N4	N5
언어지식 · 독해	문자 · 어휘	한자 읽기	6	5	8	9	12
		한자 표기	–	5	6	6	8
		어형성	–	5	–	–	–
		문맥 규정	7	7	11	10	10
		유의어로 바꾸기	6	5	5	5	5
		용법	6	5	5	5	–
		문항 수 합계	25	32	35	35	35
	문법	문의 문법1(문법형식의 판단)	10	12	13	15	16
		문의 문법2(문장 어순 완성)	5	5	5	5	5
		문장의 문법	5	5	5	5	5
		문항 수 합계	20	22	23	25	26
	독해	내용 이해 (단문)	4	5	4	4	3
		내용 이해 (중문)	9	9	6	4	2
		내용 이해 (장문)	4	–	4	–	–
		종합 이해	3	2	–	–	–
		주장 이해 (장문)	4	3	–	–	–
		정보 검색	2	2	2	2	1
		문항 수 합계	26	21	16	10	6
청해		과제 이해	6	5	6	8	7
		포인트 이해	7	6	6	7	6
		개요 이해	6	5	3	–	–
		발화 이해	–	–	4	5	5
		즉시 응답	14	12	9	8	6
		종합 이해	4	4	–	–	–
		문항 수 합계	37	32	28	28	24

※ 문항 수는 매회 시험에서 출제되는 기준으로, 실제 출제 수는 다소 다를 수도 있습니다.

교재의 구성과 공부법

❶ 해석이 같거나 비슷한 문형의 미묘한 뉘앙스를 이해하기 쉽도록 시리즈별로 묶었습니다.

❷ 문형의 접속 방법과 뉘앙스(핵심)를 정리했습니다. 그 문형이 가진 의미를 정확히 이해하고 구사하기 위해서는 핵심 부분에 정리해 놓은 뉘앙스를 주의 깊게 보셔야 합니다.

❸ 문형의 정확한 의미(뉘앙스)의 이해를 돕고자, 문장체만이 아닌 실생활에서 유용하게 쓰이는 예문들을 비율 있게 구성했습니다.

❹ 최신 출제유형을 철저 분석하여 실제 시험유형에 가장 가깝도록 각 파트마다 연습문제를 실었습니다. 최근 출제 경향을 살펴보면 단순히 출제기준 기능어만을 묻는 문제는 거의 출제되고 있지 않습니다. 문말표현, 수동, 사역, 수동사역, 존경어, 겸양어, 조사, 대화문 등이 주를 이루고 있으므로 이러한 문제들을 주의 깊게 풀어 보도록 합시다.

머리말	3
新일본어능력시험 소개	5
교재의 구성과 공부법	10

| PART 1 |

「~가 있고 나서의, ~가 있어야」 … 19
001 ~あっての … 19

「~라서 / ~라면」 … 20
002 ~とあって … 20
　　　~とあれば … 20

「~여하」 시리즈 … 21
003 ~如何 … 21
004 ~如何で(は) / ~如何によって(は) … 22
　　　~如何によらず / … 23
　　　~如何に関わらず / … 23
　　　~如何を問わず … 23

「~하든」「~하든 말든」 시리즈 … 24
005 ~(よ)うが / ~(よ)うと … 24
　　　~(よ)うが ~まいが / ~(よ)うと ~まいと … 25

「~하려고 해도」 … 26
006 ~(よ)うにも ~ない … 26

「~했다가는 / ~할 수만 있다면」 … 27
007 ~ものなら … 27

「~한 보람」 시리즈 … 28
008 ~かい(が)あって … 28
　　　~かいもなく … 29

「너무〔매우, 정말〕~하다」 시리즈 … 29
009 ~限りだ … 29

　　　~(とい)ったら(ありはし)ない / … 30
　　　~(とい)ったら(ありゃし)ない … 30
010 ~極まる / 極まりない … 31
011 ~の至りだ … 32
　　　~の極みだ … 33

| PART 2 |

「일단 ~했다 하면」 … 40
012 ~たが最後 / ~たら最後 … 40

「~하는 김에, ~할 겸」 시리즈 … 41
013 ~がてら … 41
　　　~かたがた … 42

「~하는 한편, ~함과 동시에」 … 43
　　　~かたわら … 43

「~ながら」 시리즈 … 44
014 ~ながら(も) … 44
　　　~ながら(に) / ~ながらの ＋ 명 … 45

「~であれ」 시리즈 … 46
015 ~であれ … 46
　　　~であれ　~であれ … 47

「~라고는 하나, ~라고(는) 해도」 시리즈 … 47
016 ~とはいえ … 47
　　　~といえども … 48

「~라고 생각했는데」 … 49
017 ~(か)と思いきや … 49

「~하자마자」 시리즈 … 50
018 ~や(否や) … 50
　　　~なり … 51
　　　~が早いか … 52
　　　~そばから … 53

| PART 3 |

「~이나 되는, ~이나 하는」 시리즈
- 019 ~からある 60
  - ~からする 61
  - ~からの ＋ 명사 61

「~로 되다, ~로 구성되다」
- 020 ~から成る 62

「~경향이 있다」
- 021 ~嫌いがある 63

「~같다 / ~같은 / ~같이」 시리즈
- 022 ~如し 64
  - ~如き 65
  - ~如く 66

「이유·원인」 시리즈
- 023 ~ことだし 66
  - ~こととて 67
- 024 ~ばこそ（~のだ） 68
- 025 ~(が)故(に) 69
- 026 ~手前 70

「없이(는)」 시리즈
- 027 ~なくして(は) ~ない 70
  - ~なしに ~(ない) / ~なしには ~ない 71

| PART 4 |

「~지경[형편]이다, ~꼬락서니다」
- 028 ~始末だ 79

「~투성이」 시리즈
- 029 ~だらけ〈N2문형〉 80
  - ~まみれ 81
  - ~ずくめ 82

「~하지 못하고 말다」
- 030 ~ずじまいだ 83

「~하지 않을 수 없다」 시리즈
- 031 ~ずには[＝ないでは]いられない〈N2문형〉 84
  - ~ずには[＝ないでは]済まない 85
  - ~ずには[＝ないでは]おかない 86

「~을 금할 수 없다」
- 032 ~を禁じ得ない 87

「~조차 / ~만으로도」 시리즈
- 033 ~すら / ~ですら / ~にすら 88
  - ~だに 90
  - ~だけましだ 91

| PART 5 |

「단지 ~뿐이다 / 단지 ~뿐만 아니라」
- 034 ただ ~のみだ 98
  - ただ[ひとり] ~のみならず（~も） 99

「~한 들, ~해 보았자」
- 035 ~たところで（~ない） 100

「~라도」
- 036 ~たりとも（~ない） 100

「~된, ~될, ~라는」
- 037 ~たる ＋ 명사(者) 101

「~하기도 하고 ~하기도 하고」
- 038 ~つ ~つ 102

「~한 채」
- 039 ~っ放し 103

「~하고 나서, ~한 뒤로」
- 040 ~てからというもの 104

「~해야 마땅하다, ~하는 것이 당연하다」 105
041 ~てしかるべきだ 105

「~이 아니라 무엇이란 말인가」 106
042 (これが) ~でなくて何(なん)だろう 106

「~도 아니고 (말이야)」 107
043 ~では[じゃ]あるまいし / ~でもあるまいし 107

「~라면 몰라도」 시리즈 108
　　~なら[は]いざ知(し)らず 108
　　~ならまだしも 109

| PART 6 |

「~해서는 견딜[참을] 수 없다」 116
044 ~て(は)敵(かな)わない 116

「주저하지[꺼리지] 않고 ~하다」 117
045 ~てはばからない 117

「~해서라도 / ~해서까지」 117
046 ~てでも 117
　　~てまで 118

「~해도 지장이 없다」 119
047 ~ても差(さ)し支(つか)えない 119

「~해 마지않다, 어디까지나 ~하다」 120
048 ~てやまない 120

「~과 더불어」 121
049 ~と相(あい)まって 121

「~도 ~도, ~이며 ~이며」 시리즈 122
050 ~といい ~といい 122
　　~といわず ~といわず 123

「~정도이다」 124
051 ~というところだ / ~といったところだ 124

「~(으)로 말할 것 같으면, ~은, ~는」 125
052 ~ときたら 125

「~라고 해도, ~라고 한들」 126
053 ~としたところで / としたって / としても 126
　　~にしたところで / にしたって / にしても 126

「~란, 은, 는 / ~하다니, 라니」 127
054 ~とは 127

「(마치) ~라는 듯이」「(곧) ~할 듯이」 128
055 ~とばかりに / ~と言(い)わんばかりに 128
　　~んばかりに 129

| PART 7 |

「~인[한] 것 같다, ~인[한] 듯하다」 136
056 ~と見(み)える 136

「멍하니[무심코] ~하다」 137
057 ~ともなく / ~ともなしに 137

「~라도 되면, ~가 되면」 138
058 ~ともなると / ~ともなれば 138

「~하지 않더라도, ~까지는 않더라도」 139
059 ~ないまでも 139

「~하지 못할 것은 없다」 140
060 ~ない(もの)では[も]ない 140

「~가 아니면 / ~만의 / ~뿐이다」 141
061 ~ならでは ＋ 동사(부정) / 141
　　~ならではの ＋ 명사(긍정) / 141
　　~ならではだ 141

「~나름대로」 142
062 ~なりに / ~なりの ＋ 명 142

「~(하)든 ~(하)든」 143

063 〜なり 〜なり　143

「〜에 있어서, 〜에(서)」
064 〜にあって(は/も)　144

「〜に至る」시리즈
065 〜に至る / 〜に至るまで /　145
　　〜に至って / 〜に至っても /　145
　　〜に至っては　145

| PART 8 |

「〜에 관련된」
066 〜に関わる　153

「〜에(게만) 국한된 것은 아니다」　154
067 〜に限ったことではない　154

「〜을 구실로〔삼아〕, 〜을 핑계로〔삼아〕」　154
068 〜にかこつけて　154

「〜에 얽매여서〔매달려서, 쫓겨서〕」　155
069 〜にかまけて　155

「〜하기에 어렵지 않다」
070 〜に難くない　156

「〜보다 더 나은 것은 없다」　157
071 〜に越したことはない　157

「にして」
072 〜にして　158

「〜에 입각하여」시리즈
073 〜に即して / 〜に即した + 명　159
　　〜を踏まえ(て) / 〜を踏まえた + 명　160

「〜할 만하다, 〜할 가치가 있다」시리즈　161
074 〜に堪える　161
　　〜に堪えない　162

075 〜に足る　163
　　〜に足りない / 〜に足らない　164

| PART 9 |

「〜에 그치지 않고, 〜뿐만 아니라」　171
076 〜にとどまらず(〜も / でも / にも / まで)　171

「〜에 이르다 / 〜에 오르다」　172
077 〜に上る　172

「〜할 것까지도〔는〕 없다」시리즈　173
078 〜までもない / 〜までもなく　173
　　〜に(は)当たらない　174
　　〜に(は)及ばない　175

「〜은 말할 것도 없이」
079 〜は言うに及ばず / 〜は言うまでもなく　176
　　〜はおろか　176
　　〜は言わずもがな　178

「〜와는 반대로, 〜와는 달리」　178
080 〜にひきかえ　178

「〜보다도 (더)」
081 〜にもまして　180

「〜하느니 어쩌느니 / 너무 〜해서」　181
082 〜の何のと　181
　　〜の何の(って)　181

「〜도 물론이거니와, 〜도 그렇지만」　182
083 〜もさることながら(〜が / 〜も)　182

「〜은 제쳐두고, 〜은 접어두고」　183
084 〜はさておき / 〜はさておいて　183

「〜までだ」시리즈
085 〜ば〔たら〕それまでだ　184

|　　　　～まで(のこと)だ　　　　185

| PART 10 |

「～한 바람에, ～한 순간에」 시리즈　　192
086 ～弾みに / ～拍子に　　192

「～해서는 안 될」 시리즈　　193
087 ～べからず / ～べからざる ＋ 명사　　193
　　～まじき ＋ 명사　　194

「～べく」 시리즈　　195
088 ～べく　　195
　　～べくもない　　196

「～더 낫다」　　196
089 ～ましだ　　196

「～다워지다, ～같다」　　197
090 ～めく　　197

「～도 하는 둥 마는 둥」　　198
091 ～もそこそこに　　198

「～이나 다름없다」　　199
092 ～も同然だ　　199

「～(했을) 것을, ～(을) 텐데」　　200
093 ～ものを　　200

「～을 제외하고, ～말고는, ～외에는」　　201
094 ～をおいて(ほかに) ～ない　　201

「～을 아랑곳하지 않고, ～을 개의치 않고」 시리즈　　202
095 ～をよそに　　202
　　～をものともせず(に)　　203

「～을 무릅쓰고」　　204
096 ～をおして　　204

| PART 11 |

「시작」「끝」 시리즈　　211
097 ～を皮切りに(して) / ～を皮切りとして　　211
　　～を限りに　　212
　　～をもって　　213

「～을 경계로, ～을 분기점으로」　　214
098 ～を境に(して)　　214

「～을 거쳐」　　215
099 ～を経て　　215

「어쩔 수 없이 ～하게 되다 / 어쩔 수 없이 ～하게 하다」　　216
100 ～を余儀なくされる / ～を余儀なくさせる　　216

「～하기 위해(서) / ～하기 위한」　　217
101 ～んがため(に) / ～んがための ＋ 명　　217

찾아보기　　229

작렬
新 JLPT
일본어능력시험
N1 문법

PART 1

「~가 있고 나서의, ~가 있어야」

001 ~あっての

【~가 있고 나서의, ~가 있어야 (성립되는)】

접속 명사

핵심 「~가 있어야, 비로소 성립된다」「~가 없으면, 성립되지 않는다」라는 의미로, 후건이 성립되기 위한 《전제조건》을 나타내는 표현이다. 즉, 전건이 후건에 있어서 매우 중요한 요소라는 의미이다.

例) 命あっての物種。
우선 목숨을 부지하고 나서 볼 일이다. 목숨이 제일이다.

例) お前あってのこの俺さ。
네가 있기에 이 내가 있는 것이다.

例) 国あっての国民でなく、国民あっての国だ。
국가가 있고 나서의 국민이 아니라, 국민이 있고 나서의 국가이다.

例) 健康あっての人生なんだから、無理はしない方がいいよ。
건강이 있고 나서의 인생이니까 무리는 하지 않는 편이 좋다.

例) お客様あっての商いなので、常に感謝の気持ちを忘れないように心がけています。
고객이 있고 나서의 장사이기 때문에, 항상 감사하는 마음을 잊지 않도록 유의하고 있습니다.

「~라서 / ~라면」

002 ~とあって

【~라서, ~때문에】〈특별한 상황 → 화자의 관찰내용〉

접속 동사-보통형 / い형용사-보통형 / な형용사-어간 / 명사

핵심 「~라는 특별한 상황이라서(이기 때문에)」라는 뜻의 「ので」에 해당하는 《이유·원인》의 표현으로, 전건에는 특별한 상황이 온다. 이미 일어난 사실(주로 화자가 관찰한 내용)을 진술하는 표현이므로, 후건에는 「~でしょう・~かも知れない・~つもりだ・~たい・~(よ)う」 등의 추량·의지 표현은 올 수 없다. 뉴스 등에서 자주 사용하는 표현이다.

例) 正月とあって、初日の出を迎えようとする登山客で溢れている。
설날이라서 첫 해돋이를 맞이하려는 등산객들로 넘쳐 있다.

例) 今日は久しぶりの行楽日和とあって、大変な人出で賑わっている。
오늘은 오랜만에 행락에 좋은[안성맞춤인] 날씨라서, 엄청난 나들이 인파로 북적거리고 있다.

例) 5つ星ホテルとあってサービスは素晴らしい。
5성급 호텔이라서 서비스는 훌륭하다.

例) 待ちに待った夏休みが始まったとあって、子供達は皆嬉しそうだ。
기다리고 기다리던 여름 방학이 시작되어서, 아이들은 모두 즐거운 것 같다.

~とあれば

【(다름 아닌 ~을 위해서) 라면】〈특별한 상황 → 뭐든 받아들일 수 있음〉

접속 동사-보통형 / い형용사-보통형 / な형용사-어간 / 명사

핵심 「~라는 특별한 상황이라면」이라는 뜻의 「なら」에 해당하는 《가정 조건》의 표현으로, 전건에는 특별한 상황이 온다. 「그러한 상황이라면 어떤 일이라도 한다」「~을 위해서라면 뭐든 받아들일 수 있다」라는 의미를 나타내는 경우에 주로 사용한다. 관용적으로 《~ためとあれば》의 형태로 사용되는 경우가 많으며, 뒤에는 의뢰나 권유의 표현은 올 수 없다.

例) あなたのためとあれば、この命惜しくも何ともない。
(다름 아닌) 당신을 위해서라면, 이 목숨 아깝지도 아무렇지도 않다.

例) 彼はお金のためとあれば、何でもしでかす男だ。
그는 (다름 아닌) 돈을 위해서라면, 무엇이든 저지를 남자다.

例) この子の命が助かるとあれば、私は自分の命を犠牲にしても惜しくない。
(다름 아닌) 이 아이의 생명을 구할 수 있다면, 나는 내 목숨을 희생해도 아깝지 않다.

例) お世話になった木村さんの頼みとあれば、絶対に断れない。
(다름 아닌) 신세를 진 기무라 씨의 부탁이라면, 절대로 거절할 수 없다.

「~여하」 시리즈

003 ~如何

【~여하, ~여부, ~나름】

접속 명사(の)

핵심 「如何」은 「~이 어떤지(가 문제다)」「~의 내용·상황(이 문제다)」라는 의미이다. 전건에 제시한 것이 결정적이고 중요한 요인이 되어 〈판단이나 평가, 의지나 견해·느낌, 일의 전개〉(후건)이 결정됨을 나타낸다. 「명사 + 次第」(N2)와 같은 의미·용법 이지만, 「如何」이 딱딱하고 격식 차린 말투이다.

✎ 如何 : 여하, 어떠함, 일의 형편. 〈명〉

例) 人生に幸せを感じるかどうかは、結局は、その人の考え方いかんと言える。
인생에 행복을 느낄지 어떤지는, 결국에는 그 사람의 사고방식 여하[나름]이라고 할 수 있다.

例) 仲直りするかどうかは、相手の態度いかんだ。
화해할지 어떨지는 상대방의 태도 나름이다[태도에 달려 있다].

例) 希望する大学に入れるかどうかは、君たちのこれからの努力如何にかかっています。

희망하는 대학에 들어갈 수 있을지 어떨지는, 앞으로 자네들의 노력 여하에 걸려[달려] 있습니다.

004 ～如何で(は) / ～如何によって(は)

【～여하로(는), ～에 따라서(는) / ～여하에 의해서(는), ～에 따라서(는)】

접속 명사(の)

핵심 「～이 어떤가에 따라」「～의 내용·상황에 따라」 등의 의미를 나타낸다. 전건에 제시한 것이 결정적이고 중요한 요인이 되어〈판단이나 평가, 의지나 견해·느낌, 일의 전개〉(후건)이 결정됨을 나타내는 《한정표현》이다. 즉, [전건] - 영향(○) → [후건]

例) 今後の試合成績いかんでは、監督の交代もあり得る。

앞으로의 시합성적 여하로는[에 따라서는], 감독 교체도 있을 수 있다.

例) 酒というものは飲み方いかんによっては、「百薬の長」にもなり、「気違い水」にもなる。

술이라는 것은 마시기에 따라서,「백약지장 (백약의 으뜸, 가장 좋은 약)」도 되고, 「정신을 흐리게 하는 물」도 된다.

例) 明日の天気のいかんによっては、遠足が中止になることもあります。

내일 날씨 여하에 의해서는[날씨에 따라서는], 소풍이 중지가 될 수도 있다.

~如何によらず / ~如何に関わらず / ~如何を問わず

【~여하에 의하지 않고 / ~여하에 관계없이 / ~여하를 불문하고】

접속　명사(の)

핵심　「~이 어떤가에 상관없이」「~의 내용·상황에 관계없이」 등의 의미를 나타낸다. 어떤 내용이나 상황(전건)에 관계없이 후건이 성립한다는 것을 강조할 때 쓰인다.

즉, [전건] － 영향(X) → [후건]

- 関わる · 係わる : 관계되다 / 관계하다, 상관[관여]하다. 〈자〉
- 問う : 묻다, 질문하다. 〈타〉

例) 理由のいかんによらず、人殺しは絶対に許されないことだ。

이유의 여하에 관계없이(이유를 불문하고), 살인은 절대로 용서받지 못할 일이다.

例) 理由のいかんに関わらず、3回以上欠席した場合は単位を認定しませんので十分注意してください。

이유의 여하에 관계없이(이유를 불문하고), 3회 이상 결석한 경우에는 학점을 인정하지 않으니 충분히 주의하시기 바랍니다.

例) 老若男女・国籍の如何を問わず、どなたでもご参加いただけます。

남녀노소·국적의 여하를 불문하고(여하에 관계없이), 어느 분이라도 참가하실 수 있습니다.

「~하든」「~하든 말든」 시리즈

005 ~(よ)うが / ~(よ)うと

【~해도, ~하든】

접속 동사-의지형 / い형용사-かろ / な형용사-だろ / 명사-だろ

핵심 「~해도 관계없이」라는 의미를 나타내는《역설》표현이다. 후건에는, 「関係ない(관계없다)·影響ない(영향 없다)·かまわない(상관없다)·違いはない(차이는 없다)·同じだ(같다)·平気だ(아무렇지도 않다)」 등의 표현이 주로 온다.

＊「たとえ ~ようが[と]」, 「의문사 ~ようが[と]」의 형태로 자주 사용된다.

例) 科学の対象物は自然だから、誰がやろうが、同じ結果が出るのが当然である。
과학 대상물은 자연이기 때문에, 누가 해도[하든] 똑같은 결과가 나오는 것이 당연하다.

例) 私が何をしようと、私の自由でしょう。
제가 뭘 하든 제 자유죠.

例) どんなに辛かろうと、そんな事関係ない。
아무리 괴로워도 그런 것은 관계없다.

例) たとえ相手が誰だろうが、何人だろうが、かまわない。
가령 상대가 누구든 몇 명이든 상관없다.

~(よ)うが ~まいが / ~(よ)うと ~まいと

【~하든 ~하지 않든, ~하든 말든】

접속 동사-의지형+うが[と]

　　　동사-기본형・ない형+まいが[と]

　　　　(1그룹동사-기본형 / 2, 3그룹동사-기본형・ない형)

핵심 「~해도 ~하지 않아도, ~하든 말든 (관계없다, 상관없다)」라는 의미이다. 전건에 서로 대비되는 A, B 2개의 동작이나 작용을 나열하여, A, B와는 관계없이 어떤 사항(후건)이 성립되는 것을 나타내는 《병립 조사》이다.

＊【~(よ)うか ~まいか (~할까 말까, ~할지 말지)】

　「의지의 선택」과 혼동하지 말 것!! 〈N2문형〉

例) 周りの人たちが反対しようがし[＝する]まいが、私の気持ちは変わらない。

　　주위 사람들이 반대하든 말든 나의 마음은 변하지 않는다.

例) 雨が降ろうと降るまいと、計画は進める。

　　비가 내리든 말든 계획은 진행한다.

例) 彼女が結婚しようと(結婚)し[＝する]まいと、私には関係ない!

　　그녀가 결혼하든 말든 나에게는 관계없다.

例) 彼女が辞めようが辞め[＝辞める]まいが、会社には何の影響もない。

　　그녀가 그만두든 말든 회사에는 아무런 영향도 없다.

＊ 会社を辞めようか辞め[＝辞める]まいか、迷っている。 〈N2문형〉

　　회사를 그만둘지 말지[그만둘까 말까] 망설이고 있다. 〈의지의 선택〉

> 「〜하려고 해도」

006 〜(よ)うにも 〜ない

【〜하려고 해도 〜(할 수) 없다】

접속 동사-의지형

핵심 무언가 원인·사정이 있어서, 「〜하려고 해도 〜(할 수) 없다」라는 의미를 나타낸다. 문말에는 항상 부정어를 동반한다. 앞뒤 같은 동사를 반복해서 사용하는 경우, 뒤에 오는 동사(즉 ない 앞에 오는 동사)는 반드시 가능동사가 온다.

例) 君のことを忘れようにも忘れられない。
　　너를 잊으려고 해도 잊을 수가 없다.

例) 今日は一日中、雪が降っていて出かけようにも出かけられなかった。
　　오늘은 하루종일 눈이 내려서 나가려 해도 나갈 수가 없었다.

例) 電話番号が分からないので、彼女と連絡を取ろうにも取れない。
　　전화번호를 몰라서, 그녀와 연락을 취하려고 해도 취할 수 없다.

例) 新しいパソコンを買おうにも、お金がなくて買えない。
　　새 컴퓨터를 사려고 해도 돈이 없어서 살 수가 없다.

例) 新しいパソコンを買おうにもお金がない。
　　새 컴퓨터를 사려고 해도 돈이 없다.

「~했다가는 / ~할 수만 있다면」

007 ~ものなら

① 【~할 것 같으면, ~했다가는, ~라도 하게 되면】 〈가정조건 → 좋지 않은 상황〉
② 【(만약) ~할 수만 있다면】 - N2문형 〈가정조건 → 기대·희망·소망〉

접속 ① 동사-의지형
② 동사-가능형

핵심 ① 「만일 ~와 같은 일이 되면」이라는 《가정 조건》을 나타낸다. 「~하면, 반드시[즉시] ~」라는 의미로, 뒤에는 걱정·두려움·경계 등 〈좋지 않은 상황〉이 이어지는 것이 보통이다.
② 「(무리라고 생각하지만) 만약 ~할 수만 있다면」이라는 뜻으로, 실현 가능성이 없는 《가정조건》을 나타낸다. 후건에는 대개 「~たい」와 호응하며, 기대·희망·소망을 나타내는 경우가 많다.
* 간혹 「~てみろ」와 호응해서, 도발을 나타내는 경우도 있다.

例) 親に口答えしようものなら、平手で打たれるだろう。
부모님에게 말대꾸 했다가는 손바닥으로 맞을 것이다.

例) 営業部から来た課長は時間に厳しくて、一分でも遅刻しようものなら、容赦なく叱られる。 〈する → しよう〉
영업부에서 오신 과장님은 시간에 엄격해서, 1분이라도 지각했다가는 가차없이[사정없이] 혼난다.

例) ちょっとでも扱い方を間違おうものなら、大変な事故になります。
조금이라도 잘못 다루었다가는 큰 사고가 납니다.

例) もし過去に戻れるものなら、戻りたい。
만약에 과거로 돌아갈 수만 있다면 돌아가고 싶다. 〈못 돌아감〉

例) できるものなら、鳥になって空を飛び回りたい。
할 수만 있다면 새가 되어서 하늘을 날아다니고 싶다. 〈날지 못함〉

例) 詐欺に遭ってしまった。だまされたお金を取り戻せるものなら、取り戻したい。

사기를 당해 버렸다. 속임수에 당한 돈을 되찾을 수만 있다면 되찾고 싶다. 〈되찾지 못함〉

例) 頭の中から消せるものなら、あの日の記憶を消してしまいたい。

머릿속에서 지울 수만 있다면 그날의 기억을 지워 버리고 싶다. 〈지울 수 없음〉

* やれるものなら、やってみろ。

할 수 있으면 해봐. 〈도발〉

* 殴れるものなら、殴ってみろ。

때릴 수 있으면 때려봐. 〈도발〉

「~한 보람」 시리즈

008 ~かい(が)あって

【~한 보람이 있어서】

접속 동사-과거형 / 명사-の

핵심 「~한 효과·성과가 있어서 ~했다」라는 의미를 나타낸다. 뒤에는 반드시 좋은 결과가 오며, 「과거형(た形)」으로 끝난다.

甲斐 : 보람, 효과. 〈명〉

例) 厳しいトレーニングに耐えぬいた[=トレーニングの]かいがあって、ついに念願の優勝を果たした。

혹독한 훈련을 견뎌 낸[훈련을 한] 보람이 있어, 마침내 염원하던 우승을 달성했다.

例) 努力した[=努力の]かいがあって、希望の大学に合格した。

노력한 보람이 있어 희망하는 대학에 합격했다.

例) 徹夜した[=徹夜の]かいがあって、無事に完成できた。

철야한 보람이 있어 무사히 완성할 수 있었다.

~かいもなく

【~한 보람도 없이】

접속 동사-과거형 / 명사-の
핵심 「~한 효과·성과도 없이 ~했다」라는 의미를 나타낸다. 뒤에는 반드시 좋지 않은 결과가 오며, 「과거형(た形)」으로 끝난다.

例) 応援した[=応援の]かいもなく、うちの大学は負けてしまった。
　　응원한 보람도 없이 우리 대학은 지고 말았다.

例) 手術した[=手術の]かいもなく、愛犬は死んでしまった。
　　수술한 보람도 없이 애견(사랑하는 개)은 죽었다.

例) 必死の治療の[=必死に治療した]かいもなく、その子は助からなかった。
　　필사적으로 치료한 보람도 없이 그 아이는 살아나지 못했다.

「너무[매우, 정말] ~하다」 시리즈

009 ~限りだ

【~할 따름이다, 너무 ~하다, ~하기 그지없다, ~하기 짝이 없다】

접속 い형용사-기본형 / な형용사-명사수식형
핵심 감정을 나타내는 형용사에 접속하여, 「현재 자신이 매우 그렇게 느끼고 있다」라고, 화자가 자신의 마음 상태를 강조하여 나타낼 때 쓰는 표현이다. 말하는 사람의 기분을 나타내는 표현이므로, 3인칭 문장에서는 사용하지 않는다.

例) こんな所に別荘があるなんて、羨ましい限りだ。
　　이런 곳에 별장이 있다니 부러울 따름이다[너무 부럽다].

例) 自分の作品がこんなに大勢の人に評価されるとは、本当に嬉しい限りだ。
내 작품이 이렇게 많은 사람들에게 평가받다니, 정말로 기쁘기 그지없다[기쁠 따름이다].

例) お祝いのパーティーに出席できなくて、残念な限りです。
축하파티에 참석 못 해서 유감스러울 따름입니다[매우 유감입니다].

例) 根も葉もない噂を流され、腹立たしい限りだ。
아무런 근거도 없는 소문이 나서 너무 화가 난다.

～(とい)ったら(ありはし)ない / ～(とい)ったら(ありゃし)ない

【말로 표현할 수 없을 정도로 ～다, 너무 ～하다, 정말이지 ～하다】

접속 명사 / な형용사-어간 / い형용사-기본형 / 동사-기본형

핵심 「말로 표현할 수 없을 정도로 ～다 / 최고로 ～다」라는 의미로, 《감동·감탄·놀람》 등의 감정을 강조하는 표현이다. 긍정적·부정적 의미에서 모두 사용할 수 있다.

例) 高台に登って、マチュピチュの全景を見た時の感激といったらなかった。
고지대에 올라서 마추픽추의 전경을 봤을 때는, 정말이지[너무] 감격스러웠다.

例) この店自慢の穴子寿司の美味しさといったらない。
이 가게의 자랑인 아나고(붕장어) 스시 정말 맛있어.

例) 飛行機の窓から見たオーロラの美しさといったらなかった。
비행기 창문을 통해서 본 오로라는 매우[너무] 아름다웠다.

例) 隣の夫婦は毎晩喧嘩ばかりしている。うるさいといったらありゃしない。
옆집 부부는 매일밤 싸우만 하고 있어. 너무 시끄러워.

例) 刺激のない日々、マンネリな毎日で仕事も人生も退屈ったらないよ。
자극 없는 나날과 천편일률적인[판에 박은 듯한] 매일로 일도 인생도 너무 지겨워.

例) 政府の無責任な態度に腹が立つといったらありゃしない。
정부의 무책임한 태도에 너무 화가 난다.

010 ~極まる / 極まりない

【~하기 짝이 없다, 너무 ~하다】

접속 な형용사-어간

핵심 「이 이상 없이[대단히] ~하다」라는 의미로, 《극한의 상태인 것을 강조하는》 표현이다. 주로 상태가 매우 좋지 않다는 부정적인 느낌을 주는 경우에 사용하지만, 좋은 일에 사용되는 경우도 있기는 하다. 주로 격식 차린 자리에서 많이 사용하며, 「~極まる」보다 「~極まりない」 쪽이 자주 사용된다.

> 極まる : 한도까지 다 닿다, 극도에 이르다, 다하다 /
> 《な형용사의 어간에 붙어》 ~하기 짝이 없다, 다시 없이 ~하다. 〈자〉

例) 酒に酔って車を運転するのは、危険極まりない[=極まる]行為だ。
술에 취해 차를 운전하는 것은 위험하기 짝이 없는 행위이다.

例) あの人の皮肉めいた言い方は、不愉快極まりない[=極まる]。
저 사람의 비꼬는[빈정대는] 듯한 말투는 불쾌하기 짝이 없다.

例) 社長に敬語を使わないなんて、失礼極まりない[=極まる]社員だな。
사장님에게 경어를 쓰지 않다니 실례스럽기 짝이 없는 사원이구나.

例) 優勝を決めた彼女は感極まって泣き出した。
우승을 결정지은 그녀는 감격에 겨워서[너무 감격스러워서], 울음을 터뜨렸다[울기 시작했다].

011 ～の至(いた)りだ

【～하기 그지없다, 지극히 ～하다, 매우 ～하다】

접속 (감정을 나타내는) 명사

핵심 「이 이상 없이[최고로, 매우] ～하다」라는 의미로, 《정도가 극한의 상태인 것》을 뜻한다. 말하는 사람이 감격하거나 강렬하게 느낀 것을 말할 때 쓰는, 딱딱하고 공손한 인사말이며, 「光栄(영광)」「感激(감격)」「赤面(창피함)」「恐縮(죄송함)」〈감정명사〉 등의 제한된 단어에 붙어 관용적으로 쓰이는 예스러운 표현이다.

　至(いた)り : 극도, 극치, 지극. 〈명〉

例) このような立派(りっぱ)な賞(しょう)をいただきまして、光栄(こうえい)の至りでございます。
이러한 훌륭한 상을 받아서 영광스럽기 그지없습니다.

例) 憧(あこが)れていた歌手(かしゅ)に握手(あくしゅ)してもらって、もう感激(かんげき)の至りだ。
동경하던 가수와 악수를 해서 매우 감격스럽다.

例) こんな初歩的(しょほてき)なミスをしてしまうとは、全(まった)く赤面(せきめん)の至りだ。
이런 초보적인 실수를 하다니 정말이지 창피하기 그지없다.

例) ご無理(むり)ばかりお願(ねが)いいたしまして、誠(まこと)に恐縮(きょうしゅく)の至りです。
무리한 부탁만 드려서 정말 죄송합니다.

～の極(きわ)みだ

【～하기 그지없다, ～의 극치이다, 매우 ～하다】

접속 (감정을 나타내는 / 감정 이외의) 명사

핵심 「이 이상 없이[최고로, 매우] ～하다」라는 의미로, 《정도가 극한의 상태인 것》을 뜻한다. 말하는 사람이 감격하거나 강렬하게 느낀 것을 말할 때 쓰는, 딱딱한 표현이다. 같은 표현으로는 《～の至(いた)りだ》가 있는데, 《～の極(きわ)みだ》는 《～の至(いた)りだ》와 달리 감정 명사 이외의 명사에도 붙는다. 「感激(かんげき)(감격)」「痛恨(つうこん)(통한)」〈감정명사〉 / 「贅沢(ぜいたく)(사치)」「疲労(ひろう)(피로)」「不幸(ふこう)(불행)」「親不孝(おやふこう)(불효)」〈감정 이외의 명사〉 등의 제한된 주로 부정적인 단어에 붙어 관용적으로 쓰이는 예스러운 표현이다.

✐ 極(きわ)み : 끝, 끝닿는 데, 극, 극도, 극한. 〈명〉

例) このような盛大(せいだい)な歓迎会(かんげいかい)を開(ひら)いていただき、感激(かんげき)の極みです。
이와 같은 성대한 환영회를 열어 주셔서 감격스럽기 그지없습니다.

例) ちょっとした不注意(ふちゅうい)が大惨事(だいさんじ)に繋(つな)がったことは痛恨(つうこん)の極みです。
사소한 부주의가 대참사로 이어진 것은 통한스럽기 그지없습니다.

例) 財閥(ざいばつ)の御曹司(おんぞうし)である彼(かれ)は、贅沢(ぜいたく)の極みを尽(つ)くした生活(せいかつ)をしていた。
재벌의 아들[자제]인 그는 사치스럽기 그지없는 생활을 하고 있었다.

例) 最近(さいきん)、残業続(ざんぎょうつづ)きで疲労(ひろう)の極みに達(たっ)している。
요즘 계속되는 야근으로 피로가 극에 달해 있다.

01 연습문제

問題5. 次の文の(　)に入れるのに最もよいものを、1、2、3、4から一つ選びなさい。

1 えりか：「みゆきちゃん、この韓ドラ見た。」
　みゆき：「見てない。どういうストーリーなの。」
　えりか：「主人公と恋人が親に無理やり(　　　)、かけおちする切（せつ）ないドラマだよ。」

　1 別れさせられて　　　　2 別れさせて
　3 別れられて　　　　　　4 別れて

2 ハリウッドスターが来日するとあって、(　　　)。

　1 サイン会に行きたい
　2 空港に大勢のファンたちが待ち受けているかも知れない
　3 サイン会に大勢のファンたちが殺到（さっとう）するだろう
　4 空港に大勢のファンたちが待ち受けていた

3 彼は選挙に当選するためとあれば、(　　　)。

　1 実行できない公約もするだろう
　2 一生懸命演説をしている
　3 市民が何を求めているかを把握（はあく）した方がいいです
　4 人脈（じんみゃく）を広げることが大切です

4 誰が私のことを何と言おうと(　　　)。

　1 私は平気だ　　　　　　2 気になって食事も喉を通らない
　3 私はすぐムキになる性格だ　4 気にならないものでもない

5 当日の調子いかんでは、(　　　)。

　1 試合に出場できなくて残念だった

　2 試合に出場するかどうかを決める

　3 試合に出場できないかもしれない

　4 ぜひ試合に出場してください

6 家に入ろうにも、(　　　)。

　1 誰もいなくて入らなかった

　2 鍵がかかっていて入れない

　3 ご飯がなくて外食してきた

　4 鍵を捜さなければならない

7 うちの部長は、部下がちょっとでもミスをしようものなら、(　　　)。

　1 代わりにやってくれる

　2 「最初は皆そんなもんだから」と言って勇気付けてくれる

　3 いつも大目に見てくれる寛大(かんだい)な人だ

　4 すぐ額(ひたい)に青筋を立てて怒る

8 厳しい訓練の甲斐あって(　　　)。

　1 初の甲子園(こうしえん)出場が決まった

　2 何人かの選手が負傷を負った

　3 すぐ体力が尽きてしまい逆転負けした

　4 決勝進出も夢ではないだろう

9 皆が急いでいる時に、こんなに遅刻してしまうなんて、腹立たしい(　　　)ない。

　1 というなら　　　　　2 といえば

　3 というと　　　　　　4 といったら

10 (電話で)

A:「弊社指定の配送業者がご注文の品をお届けに(　　)予定ですが、明日のご都合はいかがでしょうか。」

B:「そうですね。夕方5時以降なら家にいます。」

　1 差し上げる　　　2 上がる
　3 見える　　　　　4 いらっしゃる

問題6. 次の文の ★ に入る最もよいものを、1、2、3、4から一つ選びなさい。

11 駅前にオープンしたばかりの青木スーパーは、品揃えは大型スーパーに劣りますが、地元で＿＿＿ ＿＿＿ ★ ＿＿＿ 大評判です。

　1 果物や野菜が　　2 とれた
　3 あって　　　　　4 新鮮で安いと

12 参加する＿＿＿ ＿＿＿ ★ ＿＿＿ 決めます。

　1 いかん　　　　　2 かどうかは
　3 によって　　　　4 当日の調子

13 商品到着後、9日以上経過した場合は ＿＿＿ ★ ＿＿＿ ＿＿＿ お受けいたしかねますので、予めご了承ください。

　1 にかかわらず　　2 理由
　3 交換・返品を　　4 のいかん

14 緊急を要する議題なので＿＿＿ ＿＿＿ ★ ＿＿＿ 会議を始めます。

　1 予定どおり　　　2 集まろうが
　3 全員　　　　　　4 集まるまいが

15 業務上のメールは内容の ＿＿＿ ★ ＿＿＿ ＿＿＿ してはいけません。

1 を問わず　　　2 いかん
3 外部へ　　　　4 転送

16 僕も ＿＿＿ ★ ＿＿＿ ＿＿＿ 、レポートの締め切りが迫っていてちょっと無理そうだな。

1 行きたい　　　2 ものなら
3 行ける　　　　4 んだけど

17 私たちが普段利用する電車なのに、床に座っておしゃべりをしたり弁当を食べたり携帯電話で大声で話をするなど、＿＿＿ ＿＿＿ ★ ＿＿＿ 目にします。

1 極まる　　　　2 よく
3 行動を　　　　4 不愉快

18 一年間 ＿＿＿ ★ ＿＿＿ ＿＿＿ 、彼はまた受験に失敗してしまった。

1 努力した　　　2 必死で
3 甲斐も　　　　4 なく

19 台風が日本列島に接近しているというのに、小型のボートで沖に ＿＿＿ ＿＿＿ ★ ＿＿＿ ことだ。

1 危険　　　　　2 出る
3 極まりない　　4 なんて

20 青い海が望める海辺に位置しているこのお寺は元々、昔 ＿＿＿ ＿＿＿ ★ ＿＿＿ 建てた別荘です。

1 贅沢の　　　　2 貴族が
3 極みを　　　　4 尽くして

問題7．次の文章を読んで、 21 から 25 の中に入る最もよいものを、1・2・3・4から一つ選びなさい。

今年に入って親しくさせていただいている旅行会社や旅館の経営者が、脳梗塞（のうこうそく）や脳血栓（のうけっせん）(注1)で倒れられている。旅行会社の経営者は年配の方が多いが、旅館経営者はそうではない。青年部に所属している４５歳までの年齢だ。

仕事がら不規則な生活、夜遅くの飲食など健康によくないことばかりを続けているから、 21 健康面には人 22 気をつけていただきたいものだ。

ある親しい旅館経営者とは、いろんな会合で会うたびに身体を気遣ったいたわりの言葉を掛け合っているものの、会うたびに公職の肩書きが増え、今では４０数個にまでなってしまっている。「もう少し減らせばいいのに」とご本人に直接申しあげたりもするが、この人の人柄や仕事ぶり、旅館の格を考えると引き受けざるを得ないこともよく分かる。

先日もある会合で「また肩書きが増えたんじゃないでしょうね。身体 23 商売ですよ」とお話しすると「あなたの言っていることは分からなくもないが、身体が大事だからといって、今の最前線から引いて経営がうまくいくとは思えない。身体をいたわって旅館が潰れてしまうわけにはいかない。もし、倒れてもそれは天命だと 24 」と、仕事に対する覚悟を知った。

覚悟はわかる。しかし、それでもさらに言いたい。「 25 。そして仕事に頑張りましょう」と。

（トラベルニュースat 08年10月25日号）による

(注1) 脳血栓（のうけっせん）：脳の血管が血液のかたまりにより詰まる病気。

21 1 それにもまして 2 それなのに
3 それだけに 4 それにもかかわらず

22 1 一倍 2 二倍
3 三倍 4 四倍

23 1 あっての 2 あっては
3 あるまじき 4 あるにせよ

24 1 張り切っていますよ 2 割り切っていますよ
3 張り込んでいますよ 4 割り込んでいますよ

25 1 経営者なら、もっとしっかりとしたビジョンを持ちましょう
2 これからは年齢に応じた仕事を見つけましょう
3 もっと仕事に対する愛情を持ちましょう
4 健康管理だけはしましょう

PART 1. 정답

問題5	**1**	1	**2**	4	**3**	1	**4**	1	**5**	3
	6	2	**7**	4	**8**	1	**9**	4	**10**	2
問題6	**11**	2143	**12**	2413	**13**	2413	**14**	3241	**15**	2134
	16	3214	**17**	4132	**18**	2134	**19**	2413	**20**	2134
問題7	**21**	3	**22**	1	**23**	1	**24**	2	**25**	4

| PART 2 |

「일단 ～했다 하면」

012 ～たが最後 / ～たら最後

【일단 ～했다 하면, ～하면】〈그걸로 끝이다〉

접속 동사-た형

핵심 「일단 ～했다 하면, 이제 끝이다 / 원래의 상태로는 돌아올 수 없다 / 무슨 일이 일어나도 변함이 없다」라는 《부정적·절망적인 상황이 지속되는》것을 나타낸다.
「～たら最後」쪽이 더 구어체적인 표현이다.

例) うちの息子は寝てしまったが最後、何が起こっても絶対に起きない。
우리 아들은 일단 잠들었다 하면, 무슨 일이 일어나도 절대로 일어나지 않는다.

例) あいつはカラオケが大好きで、マイクを握ったが最後、
決して離そうとしないカラオケ狂だ。
저 놈은 노래방을 너무 좋아해서, 마이크를 잡았다 하면 결코[절대로] 놓으려고 하지 않는 가라오케광이다.

例) このファイルは1度削除したら最後、
二度と元に戻せないので削除する場合は十分注意して下さい。
이 파일은 한 번 삭제하면 (그걸로 끝입니다), 다시 원상태로 복구할 수 없으니까 삭제할 경우에는 충분히 주의 바랍니다.

例) あの人にお金を貸したら最後、絶対返ってこない。
저 사람에게 돈을 빌려 주면 (그걸로 끝이야), 절대 되돌아오지 않는다.

「~하는 김에, ~할 겸」 시리즈

013 ~がてら

【~하는 김에, ~할 겸】

접속 동사-ます형 / 명사

핵심 「주된 동작 A(主)를 하는 기회에, 부수적인 동작 B(従)도 겸해서 한다」라는 의미를 나타낸다. 앞뒤 문장의 주어가 동일주어여야 하며, 「歩く」「行く」「出かける」와 같은 이동과 관련된 동사에 붙는 경우가 많다. 일상회화에서도 사용한다. 뉘앙스를 좀 더 자세히 구분하자면,

① 두 행위의 연장 / 짧은 시간 내에 완료

② 병행동작 / 짧은 시간 내에 완료

例) 買い物がてら、ちょっと銀行に寄ってくる。
(A: 買い物 / B: 銀行に寄る)
쇼핑하는 김에 은행에 좀 들렀다 올게. 〈두 행위의 연장〉

例) 外に行きがてら、郵便局に寄って手紙を出してきてくれる?
(A: 外に行く / B: 手紙を出す)
밖에 가는 김에 우체국에 들러서 편지 좀 부치고 와 줄래? 〈병행동작〉

例) 夕涼みがてら、花火を見に行ってきた。
(A: 夕涼み / B: 花火を見る)
저녁 바람 쐴 겸 불꽃놀이를 보고 왔다. 〈병행동작〉

～かたがた

【～하는 김에, ～을 겸해서, ～할 겸】

접속 명사

핵심 동일 시간대 속에서「A하는 기회를 이용하여, B하다」라는《병행동작》을 나타낸다. 한 행위를 함으로써 거의 동일 시간대 속에서 두 가지의 목적을 달성하는 병행동작이라는 점에서는《がてら》의 ②의 의미와 같지만,《かたがた》는 주로「お知らせ(알림)」「お見舞い(병문안)」「お礼(답례)」「お詫び(사과)」「ご挨拶(인사)」「ご報告(보고)」등의 명사에 붙어서 편지문이나 격식차린 회화에서 사용되므로〈정중한 어감〉을 준다. 그리고 앞뒤 문장의 주어가 동일주어여야 한다. ⒶⒷ

例) 先日のお礼かたがた、ご挨拶に参りました。
  (A: お礼 / B: 参る)
  일전의 답례 겸 인사드리러 찾아 왔습니다.

例) 大学合格のお知らせかたがた、先生に電話をした。
  (A: お知らせ / B: 電話をする)
  대학합격 소식을 알릴 겸 선생님께 전화했다.

例) 就職が決まったので、恩師にご報告かたがた、手紙を書いた。
  (A: ご報告 / B: 手紙を書く)
  취직이 되어서 은사님께 보고 드릴 겸해서 편지를 썼다.

例) 先日ご迷惑をかけたお詫びかたがた、部長のお宅に伺った。
  (A: お詫び / B: 伺う)
  요전에 폐를 끼친 것에 대한 사과를 드릴 겸 부장님 댁을 찾아뵈었다.

「~하는 한편, ~함과 동시에」

~かたわら

【~하는[인] 한편, ~함과[임과] 동시에】

접속 동사-기본형 / 명사-の

핵심 「~하는 한편으로 ~하고 있다」라는 의미로, 본업을 하면서《일정기간 동안 정기적으로》다른 활동도 양립시키고 있는《두 행위의 연장》을 나타내는 문어체적인 표현이다. 앞에는 주로 그 사람의 본래 직업이 온다.

* 두 개의 동작이 같은 시간대에 행해지는 병행동작의 경우에는 사용할 수 없다. 그 경우에는 「~ながら」가 사용된다.

✎ 傍ら : 곁, 옆 〈명〉 // ~하는 한편, ~함과 동시에, 그와 아울러. 〈접속조사〉

例) 彼はサラリーマンとして会社で働くかたわら、
夜間には大学に行って勉強もしている。

(A: サラリーマン / B: 勉強)

그는 샐러리맨으로서 회사에서 일하는 한편[일함과 동시에], 야간에는 대학에 가서 공부도 하고 있다.
〈본업 : 샐러리맨〉

例) 彼は医者としての仕事のかたわら、小説も書いている。

(A: 医者 / B: 小説)

그는 의사로서 일하는 한편[일함과 동시에] 소설도 쓰고 있다. 〈본업 : 의사〉

例) 彼女は大学教授のかたわら、副業で声優としても活躍している。

(A: 教授 / B: 声優)

그녀는 대학교수인 한편[대학교수임과 동시에], 부업으로 성우로서도 활약하고 있다. 〈본업 : 대학교수〉

例) 息子は大学に通うかたわら、家庭教師のアルバイトもしている。

(A: 大学 / B: アルバイト)

아들은 대학에 다니는 한편으로[다님과 동시에], 가정교사 아르바이트도 하고 있다. 〈본업 : 대학생〉

＊ のろのろと歩きながら(×歩くかたわら)、スマホをいじるのは、
危ないし迷惑だから止めましょう。
느릿느릿 걸으면서 스마트폰을 만지작거리는 것은, 위험하고 폐이니까 그만둡시다. 〈병행동작〉

「〜ながら」시리즈

014 〜ながら(も)

① 【〜하면서】〈동시동작·동시진행〉
② 【〜이면서(도), 〜하면서(도), 〜지만】〈역접〉

접속 ① 동사-ます형

② 명사 / な형용사-어간 / い형용사-기본형 / 동사-ます형

핵심 ① 「AながらB」는 「주된 일(B)와 동시에 다른 일(A)도 행하다」라는 《동시동작·동시진행》의 표현이다. 「AつつB」와 같은 의미이다.

② 「Aながら(も)B」는 「〜면서(도)[지만], 그래도」라는 《역접》 표현이다. 「A로부터 예상되는 것과는 달리, 실제는 B이다」라고 말하고자 할 때 사용한다. 「Aつつ(も)B」와 같은 의미이다.

例) ビールを飲みながら、テレビを見ている。
맥주를 마시면서 TV를 보고 있다. 〈동시동작·동시진행〉

例) 約束時間より30分早く着いて、本屋で立ち読みしながら待っていた。
약속시간보다 30분 일찍 도착해서, 책방에서 선 채로 책을 읽으면서 기다리고 있었다.
〈동시동작·동시진행〉

例) 彼はタバコが体に悪いと知りながら(も)、吸い続けている。
그는 담배가 몸에 나쁘다고 알면서(도)[알지만], 계속 피우고 있다. 〈역접〉

例) そのホテルは小さいながら(も)、露天風呂や室内プールがあります。
그 호텔은 작으면서(도)[작지만], 노천탕과 실내 풀장이 있습니다. 〈역접〉

例) 先約がありますので、残念ながら(も)、ご招待に応じかねます。
선약이 있기 때문에 유감스럽지만 초대에 응할 수 없습니다. 〈역접〉

例) あの子は小学生ながら(も)、とても落ち着いていて成績も優秀なので、
クラスの皆から頼りにされている。
그 아이는 초등학생이면서(도)[이지만], 매우 침착하고 성적도 우수하기 때문에 반 친구들 모두에게 의지가 되고 있다. 〈역접〉

~ながら(に) / ~ながらの + 명

【~하면서, ~서부터, ~인 채로】〈그대로〉

접속 명사 / 동사-ます형

핵심 「~ながら(に) / ~ながらのN」의 형태로 주로 명사나 일부 동사에 접속하여, 「A의 상태인 채 B」라는 의미이다. 그 상태가 변화하지 않고 《그대로》 계속되는 상황을 나타낸다. 「いつもながら / 涙ながらに / 生まれながらに(して) / 居ながらに(して) / 生きながらに(して) / 昔ながらの」 등, 한정된 단어에 접속하는 관용적인 표현이다.

例) いつもながらのお心配りをいただき、心から感謝申し上げます。
언제나 변함없는 배려를 해 주신 데에 대해, 진심으로 감사의 말씀드립니다.

例) 彼女は涙ながらに、苦労した半生を語った。
그녀는 눈물을 흘리면서 고생한 반평생을 이야기했다.

例) 尾崎豊君は生まれながらに(して)、豊かな音楽の才能に恵まれていた。
오자키유타카 군은 선천적으로 풍부한 음악 재능을 타고났다.

例) 今日、私たちはテレビやインターネットを通じて、
家に居ながらに(して)、世界の情報を得ることができる。
오늘날 우리는 TV나 인터넷을 통해서, 집에 있으면서 세계의 정보를 얻을 수 있다.

例) 今でも、重罪犯人を生きながらに(して)葬って、
死刑に処する国があるそうだ。
　　지금도 중범죄자를 생매장해서 사형에 처하는 나라가 있다고 한다.

例) 創業４００年を超えるこの老舗酒屋は、
今も、昔ながらの独自の製法と味を頑固に守り続けている。
　　창업 400년을 넘은 (전통 있는) 이 오래된 술집은 지금도 옛날 그대로의 독자적인 제조법과 맛을 완고히 지키고 있다.

「～であれ」시리즈

015 ～であれ

【～이든, ～라고 하더라도, ～라 할지라도】

접속　명사 / 의문사

핵심　명사나 의문사(いつ・どう・どこ・だれ)에 붙어서 「～이든 / ～라도〈관계없이〉」라는 의미를 나타내는《역접표현》의 하나이다. 뒤에는 주로 「상황이 변하지 않는다」는 표현이 오며, 화자의 주관적인 판단이나 추측을 나타내는 문장인 경우가 많다.

例) どんな人であれ、欠点の一つや二つは持っています。
　　어떤 사람이든 결점 한두 가지는 가지고 있습니다.

例) 相手が誰であれ、全力を尽くして戦う覚悟です。
　　상대가 누구든 전력을 다해서 싸울 각오입니다.

例) 理由がどうであれ、暴力[いじめ]は絶対許されない行為である。
　　이유가 어떻든 폭력[괴롭힘]은 절대 용서받지 못할 행위이다.

～であれ ～であれ

【~든 ~든】

접속 명사 / 의문사

핵심 「A든 B든 / A, B 어느 경우든 〈관계없이〉」라는 의미를 나타낸다. A, B 두 예를 들어서 「그 예가 다 들어맞는다」 「상황이 변하지 않는다」고 말하고자 할 때 사용하는 표현이다. A와 B는 유사하거나 대조적인 내용이 오는 경우가 많다.

例) 男性であれ女性であれ、能力さえあれば採用する方針です。
남성이든 여성이든 능력만 있으면 채용할 방침입니다.

例) 彼女は今ダイエット中なので、
お菓子であれ果物であれ、甘い物は一切口にしない。
그녀는 지금 다이어트 중이라, 과자든 과일이든 단 것은 일절[전혀] 먹지 않는다.

例) 彼女ときたら、ビールであれ焼酎であれ、
少しでもアルコールが入っているものには目がない。
그녀로 말할 것 같으면[그녀는], 맥주든 소주든 조금이라도 알코올이 들어 있는 것에는 사족을 못 쓴다.

例) 物理的であれ何であれ、いつも自分のやることに制限をしてしまうと、
それはあなたの仕事や人生にまで広がってしまう。
물리적이든 뭐든 항상 자신이 하는 일에 제한을 두면, 그것은 당신의 일과 인생에까지 확대된다[영향을 미친다].

「~라고는 하나, ~라고(는) 해도」 시리즈

016 ～とはいえ

【~라고는 하나, ~라고(는) 해도, ~라고는 하지만】〈역접〉

접속 명사-(だ) / な형용사-어간·보통형 / い형용사-보통형 / 동사-보통형

> **핵심** 「A라고는 할 수 있지만, 〈사실은 / 역시 / 아직〉 B라는 문제가 있다」라는 뜻으로, A의 내용은 인정하면서, 여러 가지 문제점이나 설명부족, 정당화할 수 없는 사항 등 반대되는 내용을 뒤에 덧붙이는 《역접표현》이다. 보통 뒤에는 화자의 판단이나 의견이 오는 경우가 많다. 또, 앞뒤 문장의 주어가 같은 동일 주어문이어야 한다.

例) いくら好きとはいえ、3日連続麺はきついよな。
   아무리 좋아한다고는 하나, 3일 연속 면은 심하네.

例) 暦の上では立春とはいえ、まだまだ風は冷たく寒い日が続きますね。
   달력상으로는 입춘이라고는 하나, 아직 바람이 차갑고 추운 날이 계속 이어지는군요.

例) オープン戦とはいえ、
   ちょっと負けすぎでシーズンにも影響しそうなのが心配です。
   오픈전이라고는 하나, 좀 지기만 해서 시즌에도 영향을 미칠 것 같아 걱정입니다.

例) 知らなかったとはいえ、酷いこと言っちゃったな。
   몰랐다고는 해도 심한 말을 했네.

例) 人気は全盛期に比べれば衰えたとはいえ、まだまだ健在のようだ。
   인기는 전성기에 비하면 떨어졌다고는 해도 아직 건재한 것 같다.

～といえども

【(심지어) ～라고(는) 해도, ～라 할지라도】〈역접〉

접속 명사-(だ) / な형용사-어간・보통형 / い형용사-보통형 / 동사-보통형

핵심 극단적인 입장에 있는 사람・사물・경우 등을 예를 들어, 「たとえ(가령) / いくら(아무리) / いかに(아무리) ～ても」라는 의미를 나타내는 《역접표현》이다. 이 문형은 「(심지어 이런 극단적인) ～라고 해도, 예외 없이 모두(전부)」라는 강한 어감을 갖고 있다. 주로 〈극단적인 예〉를 통해서 〈일반적인 것〉까지 말하고 싶을 때 사용하는 딱딱한 문장체이다.

例) 高(たか)い技術(ぎじゅつ)のある選手(せんしゅ)といえども、成績(せいせき)が悪(わる)い時(とき)もある。
(심지어) 고도의 기술이 있는 선수라고 해도, 성적이 나쁠 때도 있다. (일반 선수들은 물론이라는 뉘앙스가 포함)〈고도의 기술이 있는 선수 (극단적인 예) → 일반 선수 (일반적인 예)〉

例) 罪(つみ)を犯(おか)したからには、幼(おさな)い子供(こども)といえども罰(ばつ)を受(う)けるべきだ。
죄를 저지른 이상에는, (심지어) 어린아이라 할지라도 벌을 받아야 한다.
(일반 성인들은 물론이라는 뉘앙스가 포함)〈어린아이 (극단적인 예) → 일반 성인 (일반적인 예)〉

例) 如何(いか)にベテランといえども、ミスはあるもの。
(심지어) 아무리 베테랑이라 할지라도 실수는 있는 법[있게 마련].
(일반인들은 물론이라는 뉘앙스가 포함)〈베테랑 (극단적인 예) → 일반인 (일반적인 예)〉

「～라고 생각했는데」

017 ～(か)と思いきや

【～라고 생각했는데 (뜻밖에도, 의외로)】

접속 명사 / な형용사-어간·과거형 / い형용사-보통형 / 동사-보통형
핵심 「～라고 생각했는데, 뜻밖에도(의외로) ～했다(였다)」라는 뜻의《역접표현》으로, 주로 문장체에서 사용한다. 전건에는 화자가 생각한 내용이 오며, 후건에는 화자가 생각했던 것과는 다른 뜻밖의[의외의] 결과가 온다. 기정사실의 표현이므로 문장 끝은 「た」형(과거형)이 된다.
＊ N2 문형《～(か)と思うと》(～인가 했더니, ～인가 싶더니)와 같은 표현이다.

例) 彼(かれ)は10年(ねん)もアメリカに住(す)んでいるので英語(えいご)がペラペラと思いきや、
私(わたし)より下手(へた)だった。
그는 10년이나 미국에 살고 있어서, 영어가 유창할 거라 생각했는데[유창할 줄 알았는데] 나보다 서툴렀다.

例) 面接で緊張してしまい、しどろもどろになってしまったので、
不採用と思いきや、採用の通知が来た。
면접에서 긴장해서 횡설수설했기 때문에, 채용되지 않을 거라 생각했는데[채용되지 않을 줄 알았는데] 채용통지가 왔다.

例) 今度の日本語能力試験は、さぞ難しいだろうと思いきや、案外に易しかった。
이번 일본어능력시험은 틀림없이 어려울 것이라고 생각했는데[어려울 줄 알았는데] 의외로 쉬웠다.

例) 試合終了間際に同点ゴールかと思いきや、オフサイドだった。
시합종료 직전에 동점골인가라고 생각했는데[동점골인 줄 알았는데], 오프사이드였다.

「〜하자마자」 시리즈

018 〜や(否や)

【〜하자마자】

접속 동사-기본형

핵심 「〜すると、それと同時に」라는 의미이다. 어떤 일이 일어나면, 그것과 거의 동시라고 할 수 있을 정도로 바로, 다른 일이 일어나는 《동시발생》을 나타내는 문어체 문형이다. 현실에서 일어난 기정사실을 묘사하는 표현이므로, 뒷문장은 과거형이 되며(*단 습관적인 일인 경우에는 현재형), 의지문·명령문·부정문 등은 올 수 없다.

例) 夫は仕事で余程疲れていたのか、横になるや否や、いびきをかき始めた。
남편은 일로 상당히 피곤했는지 눕자마자 코를 골기 시작했다.

例) 息子は家に帰るや否や、かばんを放り出して、遊びに出かけていってしまった。
아들은 집에 돌아오자마자 가방을 내팽개쳐 두고 놀러 나가 버렸다.

例) 電話に出るや否や、いきなりがちゃんと切られた。
전화를 받자마자 갑자기 찰칵 끊었다.

例) 彼女は家に帰るや否や、パソコンに向かった。
그녀는 집에 돌아오자마자 컴퓨터 앞에 앉았다. 〈기정사실〉

＊ 彼女は(毎日)家に帰るや否や、パソコンに向かう。
그녀는 (매일) 집에 돌아오자마자 컴퓨터 앞에 앉는다. 〈습관〉

～なり

【～하자마자】

접속 동사-기본형
핵심 「～すると、それと同時に」라는 의미이다. 어떤 일이 일어나면, 그것과 거의 동시라고 할 수 있을 정도로 바로, 다른 일이 일어나는 《동시발생》을 나타내는 문형이다. 이 문형의 가장 핵심적인 뉘앙스는, 일반적이지 않은 (평소와는 다른) 행위를 했다는 뉘앙스를 포함하고 있다. 현실에서 일어난 기정사실을 묘사하는 표현이므로, 뒷문장은 과거형이 되며, 의지문·명령문·부정문 등이 올 수 없다. 또한 앞뒤문장의 주어는 동일주어여야 하며, 자기자신의 일에는 사용하지 않는다.

例) 彼女は電話を切るなり、急に[突然]号泣し始めた。
그녀는 전화를 끊자마자 갑자기 엉엉 울기 시작했다.

例) 彼は料理を一口食べるなり、テーブルを叩いて、「水！水！」と叫んだ。
그는 요리를 한 입 먹자마자 테이블을 두드리며 「물! 물!」 하고 외쳤다.

例) 父は「好い加減にしろよ！この野郎」と怒鳴るなり、部屋を出ていった。
아버지는 「적당히 좀 해라! 이놈아」라고, 호통치자마자 방을 나가셨다.

～が早いか

【～하자마자, ～하기가 무섭게】

접속　동사-기본형·과거형
핵심　어떤 일이 일어나면, 그것과 거의 동시라고 할 수 있을 정도로 바로, 다른 일이 일어나는 《동시발생》을 나타내는 문형이다. 이 문형의 가장 핵심적인 뉘앙스는, 뒷문장에는 주로 행동이 빠르고 큰〈동적인 표현〉이 온다. 현실에서 일어난 기정사실을 묘사하는 표현이므로, 뒷문장은 과거형이 되며, 의지문·명령문·부정문 등은 올 수 없다. 또한, 자기 자신의 일에도 사용하지 않는다.

例) 授業終了のチャイムが鳴るが早いか、彼は教室を飛び出していった。
수업종료 종이 울리자마자[울리기가 무섭게] 그는 교실을 뛰어나갔다.

例) 地震が起こるが早いか、生徒たちは机の下に潜り込んだ。
지진이 일어나자마자[일어나기가 무섭게] 학생들은 책상 밑으로 기어들었다.

例) 列に並んでいたお客さんたちは、店が開くが早いか、バーゲンコーナーに殺到した。
줄을 서 있던 손님들은 가게가 열리자마자[열리기가 무섭게] 세일코너로 쇄도했다.

例) バス停にバスが着くが早いか、乗客たちは先を競って乗り込んだ。
정거장에 버스가 도착하자마자[도착하기가 무섭게] 승객들은 앞다퉈 올라탔다.

~そばから

【~하자마자, ~하는 족족】

접속 동사-기본형・과거형

핵심 어떤 일이 일어나면, 그것과 거의 동시라고 할 수 있을 정도로 바로, 다른 일이 일어나는 《동시발생》을 나타내는 문형이다. 이 문형의 가장 핵심적인 뉘앙스는, 「~해도 해도 금방 ~」라는 뜻으로, 같은 장면에서 같은 일이 반복되는 상황을 나타낸다. 또 그 반복되는 일이 주로 바람직하지 않은 일이므로 화자의 어이없음・근심・걱정 등의 기분이 내포되어 있다.

* 같은 일이 반복되는 상황을 나타내므로, 일회성 사건의 표현에는 부자연스럽다.

例) 君たちは、私が教えるそばから忘れてしまう。
너희들은 내가 가르쳐 주는 족족[가르쳐 주자마자] 잊어버리는구나.

例) 難しい漢字は、覚えたそばから忘れてしまう。
어려운 한자는 외우는 족족[외우자마자] 잊어버린다.

例) うちの息子はお小遣いをやるそばから、使ってしまうので本当に心配です。
우리 아들은 용돈을 주는 족족[주자마자] 써먹어 버려서 정말 걱정입니다.

例) 部屋を片付けたそばから散らかされて、腹が立った。
방을 치우는 족족[치우자마자] 어지럽혀서 화가 났다.

* 泥棒は警官を見るが早いか(×そばから)、逃げ出した。
도둑은 경찰관을 보자마자 도망쳤다. 〈1회성〉

02 연습문제

問題5. 次の文の(　)に入れるのに最もよいものを、1、2、3、4から一つ選びなさい。

1 彼女は話し好きで、一度言い出したが最後、(　　　)。

　1　その場の雰囲気が和やかになる
　2　問題が解決されるだろう
　3　コメディアン並みの話術でみんな大爆笑だ
　4　一歩も後へ引かない

2 大阪に出張がてら、(　　　)。

　1　神戸の実家に帰った　　　2　新製品の説明会があるためだ
　3　アメリカへ行ってきた　　4　初めて新幹線で行った

3 日頃のご無沙汰のお詫び(　　　)、ご挨拶にお伺いしました。

　1　がてら　　　　　　　　2　かたがた
　3　かたわら　　　　　　　4　ついでに

4 福島の津波被災者たちは、涙ながらに(　　　)。

　1　くしゃみをした　　　　　2　生活の苦しさを訴えた
　3　ハンカチで涙を拭き始めた　4　突然泣き始めた

5 いじめは、理由がどうであれ(　　　)。

　1　やむを得ない事情があったなら許してあげるべきだ
　2　子供を自殺にまで至らせた
　3　絶対許されない行為である
　4　許されないものでもない

6 いくら人気のあるイギリスサッカーチームの試合とはいえ(　　　)。

　1 闇チケットが盛んに取引されている

　2 チケットが一枚6万円もするなんて

　3 闇チケットでも手に入れたい

　4 チケットが明後日から販売されるそうだ

7 幼い子供といえども、罪を犯したからには(　　　)。

　1 罰を与えずにはおかない　　2 罰を与えるわけにはいかない

　3 罰を与えるまい　　　　　　4 罰を与えるには当たらない

8 木村：「青木さん、三味線が欲しいって言っていましたよね。
　　　　　　私の妹が使っていた三味線があるんですが、良ければどうですか。」

　青木：「いいんですか。」

　木村：「はい。妹に聞いたら、弾いてくれる方がいるなら、ぜひと言っていましたので、どうぞもらって(　　　)。」

　1 いただいてください　　2 やりませんか

　3 やってください　　　　4 いただきませんか

9 玄関のドアを開ける(　　　)、猫が飛び出してきた。

　1 とたんに　　　2 そばから

　3 次第　　　　　4 や否や

10 学生時代にもっと語学を勉強しておけばよかった。
　　　今は習った(　　　)忘れてしまう。

　1 そばから　　　2 が早いか

　3 なり　　　　　4 や

問題6. 次の文の ___★___ に入る最もよいものを、1、2、3、4から一つ選びなさい。

11 近くに来るついでがありましたので、_____ ★ _____ _____ 、お伺いしました。

 1 お礼　　　　　　　　2 先日
 3 かたがた　　　　　　4 の

12 彼女は大学で歴史を _____ ★ _____ _____ 文化遺産保護委員を務めている。

 1 の　　　　　　　　　2 県
 3 かたわら　　　　　　4 教える

13 大学時代は、体にあまり良くないと _____ _____ ★ _____ 中心の食生活だった。

 1 インスタントや　　　2 ながら
 3 ファーストフード　　4 知り

14 戦火を逃れ、無事帰国した人たちは _____ ★ _____ _____ 体験を語った。

 1 恐ろしい　　　　　　2 ながらに
 3 それぞれの　　　　　4 涙

15 仕事であれ _____ ★ _____ _____ ことをして過ごす方法を見付けるべきだ。

 1 であれ　　　　　　　2 大好きな
 3 趣味　　　　　　　　4 本当に

16 彼は暴力で友達からお金を奪ったのだから、＿＿＿ ★ ＿＿＿ ＿＿＿ べきだ。

　　1 受ける　　　　　　2 といえども
　　3 未成年　　　　　　4 罰を

17 これほどフィギュアが好きなら、さぞかし ＿＿＿ ＿＿＿ ★ ＿＿＿ 本人は全く滑れないらしい。

　　1 上手なん　　　　　2 スケートは
　　3 だろうと　　　　　4 思いきや

18 父は私が作った料理を ＿＿＿ ＿＿＿ ★ ＿＿＿ とばかりに、吐き出した。

　　1 食べる　　　　　　2 不味い
　　3 一口　　　　　　　4 なり

19 世界の一流選手はやっぱり違うね。パスを ＿＿＿ ★ ＿＿＿ ＿＿＿ には、もうパスを出している。

　　1 瞬間　　　　　　　2 受ける
　　3 次の　　　　　　　4 が早いか

20 年を取ると、記憶力が ＿＿＿ ＿＿＿ ★ ＿＿＿ しまうんです。

　　1 そばから　　　　　2 衰えて
　　3 聞いた　　　　　　4 忘れて

問題7．次の文章を読んで、21 から 25 の中に入る最もよいものを、1・2・3・4から一つ選びなさい。

世の中は、日々便利な物が増えています。

便利な物が増えているというのは確実です。

指1本で火が付くライターが発明されました。携帯電話で移動しながら、海の向こうの人と話ができるようになりました。人類の登場後、便利な道具があふれています。 21 便利な物が増えれば、もはや、私たちの生活では不便が1つもなくなりそうです。生き 22 、天国のような夢の世界ができあがりそうです。

しかし、どうでしょうか。

事実から言えば、不便は 23 。便利な物が増えているにもかかわらず、なかなか不便が解消されない時代の矛盾に、気づきませんか。あなたは、うすうす気づいているはずです。

便利な物ができたのに、不便が減らないとはどういうことでしょうか。

便利を実現する道具が、 24 、意外な不便を生み出す道具にもなっているからです。

指1本で火を付けるライターができたので、子供でも操作ができるようになりました。子供が遊んで火をつけて、火事の件数が増えました。

携帯電話ができて便利になりました。しかし、他人から24時間束縛されているという新たなストレスを感じ始めるようになりました。

便利さは、 25 。

21　1 これほど　　　2 これ以上
　　3 それ以前　　　4 あれ以来

22　1　ながらも　　　　2　ているからか
　　3　ながらにして　　4　ているかのように

23　1　大幅に減っています
　　2　全くありません
　　3　全く減っていないのです
　　4　ますます増えているのです

24　1　同然に　　　　　2　同時に
　　3　同様に　　　　　4　同等に

25　1　火事の原因にもなります
　　2　科学の産物としか言いようがない
　　3　人間から自由を奪ってしまいます
　　4　意外な不便さを生み出します

 PART 2. 정답

問題5	**1**	4	**2**	1	**3**	2	**4**	2	**5**	3
	6	2	**7**	1	**8**	3	**9**	4	**10**	1
問題6	**11**	2413	**12**	4321	**13**	4213	**14**	4231	**15**	3142
	16	3241	**17**	2134	**18**	3142	**19**	2431	**20**	2314
問題7	**21**	1	**22**	3	**23**	3	**24**	2	**25**	4

| PART 3 |

「~이나 되는, ~이나 하는」시리즈

019 | ~からある

【~이상 되는, ~이나 되는】

접속 (수량을 나타내는) 명사

핵심 화자가 수량이 매우 많거나 크다고 느꼈을 때, 구체적인 숫자를 제시하여 수량의 많음과 큼을 강조하는 표현이다. 「~이거나, 그 이상」이라는 의미로, 화자의 놀라는 기분이 내포되어 있다. 정확한 숫자를 서술할 필요는 없다.
일반적으로 《길이・무게・크기》 등에 사용된다.

    ✎ ある: 있다.〈존재〉 // 되다.〈정도〉

例) マチュピチュは、標高2,200メートルからある高地にある。

마추픽추는 표고 2,200미터나 되는[이상 되는] 고지에 있다.〈길이〉

例) 彼女はこんな雨の中を傘も差さずに、
　　10キロからある距離を泣きながら走ってきた。

그녀는 이런 빗속을 우산도 쓰지않고, 10킬로미터나 되는[이상 되는] 거리를 울면서 달려 왔다.〈길이〉

例) 直径が1メートルからあるスイカが、畑で取れた。

직경이 1미터나 되는[이상 되는] 수박이 밭에서 수확되었다.〈크기〉

例) 彼は60キロからある米俵を軽々と持ち上げて肩に担いだ。

그는 60킬로그램이나 되는[이상 되는] 쌀가마니를 가볍게[가뿐히] 들어올려 어깨에 짊어졌다.〈무게〉

~からする

【~이상 하는, ~이나 하는】

접속 (수량을 나타내는) 명사

핵심 화자가 수량이 매우 많거나 크다고 느꼈을 때, 구체적인 숫자를 제시하여 수량의 많음과 큼을 강조하는 표현이다. 「~이거나, 그 이상」이라는 의미로, 화자의 놀라는 기분이 내포되어 있다. 정확한 숫자를 서술할 필요는 없다. 일반적으로 《가격》에 사용된다.

✐ する : 하다. 〈행위〉 // 하다. 〈가격〉

例) その女性は、一着１００万円からするコートをポンと現金で買っていった。
그 여성은 한 벌에 100만 엔이나 하는[이상 하는] 코트를 선뜻[척] 현금으로 사갔다. 〈가격〉

例) 彼はロトに当たって、5億円からする超高級マンションを購入したそうだ。
그는 로또에 당첨되어 5억 엔이나 하는[이상 하는] 초고급 아파트를 구입했다고 한다. 〈가격〉

例) このチャリンコは１０万円からする。
이 자전거는 10만 엔이나 한다[이상 한다]. 〈가격〉

~からの + 명사

【~이상의, ~이나 되는】

접속 (수량을 나타내는) 명사

핵심 화자가 수량이 매우 많거나 크다고 느꼈을 때, 구체적인 숫자를 제시하여 수량의 많음과 큼을 강조하는 표현이다. 「~이거나, 그 이상」이라는 의미로, 화자의 놀라는 기분이 내포되어 있다. 정확한 숫자를 서술할 필요는 없다.
일반적으로 《비용이나 자산 등의 금액·인원수》에 사용된다.

例) この車を修理するには、３０万円からのお金[費用]がかかる。
이 차를 수리하는 데에는 30만 엔이나 되는[이상의] 돈[비용]이 든다. 〈(비용) 금액〉

例) 彼は父親から、10億円からの遺産を相続した。

그는 아버지로부터 10억 엔이나 되는[이상의] 유산을 상속받았다. 〈(자산) 금액〉

例) 今日のプロ野球開幕戦には、
　　5万人からの観客が東京ドームに押し寄せてきたそうだ。

오늘 프로야구 개막전에는, 5만 명이나 되는[이상의] 관객이 도쿄돔에 몰려왔다고 한다. 〈인원수〉

例) 2011年3月11日に発生した東日本大震災では、
　　20万人からの人々が家を失い、2万人からの人が死んだそうだ。

2011년 3월 11일에 발생한 동일본대지진에서는, 20만 명이나 되는[이상의] 사람들이 집을 잃고 2만 명이나 되는[이상의] 사람이 목숨을 잃었다고 한다. 〈인원수〉

「~로 되다, ~로 구성되다」

020 ~から成る

【~(으)로 되다, ~(으)로 구성되다, ~(으)로 이루어지다】

접속　명사
핵심　「~은/는 ~〈요소·부분·재료〉로 (구성)되어 있다」라는 의미를 나타내는 문장체 표현이다.

例) 水分子は2個の水素原子と1個の酸素原子から成る。

물분자는 2개의 수소원자와 1개의 산소원자로 구성된다.

例) 天才とは1パーセントの才能と99パーセントの努力から成る。

천재란 1%의 재능과 99%의 노력으로 된다.

例) 地球は海と陸から成る惑星である。

지구는 바다와 육지로 이루어진 혹성[행성]이다.

例) 日本の国会は衆議院・参議院の二院から成っている。

일본의 국회는 중의원·참의원 이원[양원]으로 구성되어 있다.

「~경향이 있다」

021 ~嫌(きら)いがある

【~(좋지 않은) 경향이 있다】

접속　명사-の / 동사-기본형・ない

핵심　「~라는 좋지 않은 성질・경향이 있다」라는 의미로, 거론하는 대상에게 《바람직하지 않은》 성질이나 경향이 내재되어 있는 것을 비판적으로 지적하는 문어체적인 표현이다. 외견상보다는 본질적인 성질에 사용된다. 거의 사람이 주어인 경우에 사용되지만, 자기 자신에게 사용하면 부자연스러운 표현이 된다. 유의표현인 「~がち」는 자기 자신에게도 사용할 수 있다.

* 거의 사람이 주어인 경우에 사용되지만, 사물이나 사건이 주어일지라도 배후에 사람의 책임감이 존재하는 경우에는 쓰이기도 한다.

🖉 嫌(きら)い : 싫음, 싫어함, 꺼림 /《보통 「~の嫌いがある」「~する嫌いがある」의 꼴로》(좋지 않은) 경향, 성향.〈명〉

例) 彼女(かのじょ)は何事(なにごと)も否定的(ひていてき)に考(かんが)える嫌いがある。
그녀는 무슨 일이든 부정적으로 생각하는 경향이 있다.

例) 彼(かれ)はいつも自分(じぶん)の問題(もんだい)を人(ひと)のせいにする嫌いがある。
그는 언제나 자신의 문제를 남의 탓으로 돌리는 경향이 있다.

例) 最近(さいきん)の若(わか)い人(ひと)は本(ほん)を読(よ)まない嫌いがある。
요즘 젊은 사람들은 책을 읽지 않는 경향이 있다.

例) 小学校(しょうがっこう)の時(とき)、私(わたし)は学校(がっこう)を休(やす)む嫌いがあった。〈자기 자신 - ×〉
　　小学校の時、私は学校を休みがちだった。〈○〉
어린 시절에 저는 학교를 쉬는 경향이 있었다[자주 쉬었다].

＊ 物質主義(ぶっしつしゅぎ)の現代社会(げんだいしゃかい)においては、物(もの)を使(つか)い捨(す)てにする嫌いがある。
물질주의 현대사회에서는, 물건을 한 번 쓰고 버리는 경향이 있다. 〈사람의 책임〉

* 近年、国政選挙・地方選挙を問わず全国的に投票率低下の嫌いがある。

근년[최근 몇 년] 국정선거·지방선거를 불문하고, 전국적으로 투표율이 저하되는 경향이 있다.
〈사람의 책임〉

「~같다 / ~같은 / ~같이」 시리즈

022 | ~如し

【~같다】〈예시·비유〉

접속 동사-기본형·과거형 + (が) / 명사-の

핵심 비유표현인 《~ようだ》에 상당하는 고어로, 현재는 격식차린 장소나 딱딱한 문장에서 사용되는 문어체이다. 주로 속담이나 관용적 표현으로 사용되는 경우가 많다.

例) 『光陰矢の如し』 <ことわざ>
『세월은 화살과 같다』〈속담〉

例) 『過ぎたるはなお及ばざるが如し』 <ことわざ>
『정도가 지나침은 마치 미치지 못함과 같다. 과유불급』〈속담〉

例) 落花雪の如し。
낙화가 눈발 같도다.

例) その具体的な例は次の如し。
그 구체적인 예는 다음과 같다.

~如ごとき

【~같은】〈예시·비유〉

접속 동사-기본형·과거형 + (が) / 명사-の

핵심 비유표현인 《~ような》에 상당하는 고어로, 현재는 격식차린 장소나 딱딱한 문장에서 사용되는 문어체이다.

* 《人+如き(に)》의 꼴로, 사람을 나타내는 말에 접속해서 경멸·멸시·경시의 기분을 담아서 《なんか(に)》(같은 것, 따위)와 같은 의미로 사용된다. 「私」에 접속하는 경우에는 겸손의 의미가 된다.

例) 今回こんかいの如ごとき事故じこはまた起おこる可能性かのうせいがある。
이번과 같은 사고는 다시 일어날 가능성이 있다.

例) その少女しょうじょは白百合しらゆりの如ごとき乙女おとめであった。
그 소녀는 흰 백합과 같은 소녀[처녀]였다.

例) 彼かれの如ごとき人物じんぶつはこの世よに二人ふたりといない。
그와 같은 인물은 이 세상에 둘도 없다.

例) 眠ねむる(が)如ごとき最期さいごだった。
잠자는 듯한 임종이었다.

＊ 誰だれがお前まえ如ごときに負まけるか!
누가 너 같은 것[따위]에게 질까!〈경멸·멸시〉

＊ 私わたし如ごとき未熟者みじゅくものにこのような重要じゅうような役やくが果はたせるかどうか心配しんぱいです。
저 같은 미숙자가 이러한 중요한 역할을 해낼 수 있을지 어떨지 걱정입니다.〈겸손〉

～如(ごと)く

【～같이, ～처럼】〈예시・비유〉

접속 동사-기본형・과거형 + (が) / 명사-の

핵심 비유표현인 《～ように》에 상당하는 고어로, 현재는 격식차린 장소나 딱딱한 문장에서 사용되는 문어체이다.

例) 花(はな)の如く綺麗(きれい)な女性(じょせい)だった。
꽃처럼 예쁜 여성이었다.

例) あまりにも暑(あつ)くて、歩(ある)くだけで汗(あせ)が滝(たき)の如く流(なが)れ落(お)ちる。
너무나 더워서 걷기만 해도 땀이 비오듯이 흘러내린다.

例) 彼(かれ)は飛(と)ぶ(が)如く、教室(きょうしつ)を出(で)ていった。
그는 날아가듯이 교실을 나갔다.

例) 彼女(かのじょ)はまるで自分(じぶん)の目(め)で見(み)た(が)如く話(はな)していた。
그녀는 마치 자신의 눈으로 본 것처럼 이야기했다.

「이유・원인」 시리즈

023 ～ことだし

【～이니, ～이기도[하기도] 하니, ～이기도[하기도] 하고】

접속 명사-명사수식형(の) / な형용사-명사수식형 / い형용사-명사수식형 / 동사-명사수식형

핵심 어떤 일을 할 때에 그 《이유를 강조》하여 말하는 표현으로, 그 외에 또 다른 이유가 있는 듯한 느낌을 준다. 「～し」와 비슷하지만, 약간 정중한 표현이며 일정한 부분의 이유를 강조하는 표현이기도 하다. 문장 뒤에는 권유, 의지, 결단과 같은 표현이 온다.

例) 夜も遅いことだし、続きは明日にしましょう。
밤도 늦었으니 계속은[나머지는] 내일 하기로 합시다. 〈권유〉

例) 雨も止んだことだし、ちょっと散歩にでも出かけよう。
비도 그쳤으니 잠시 산책이라도 하러 가야지[가자]. 〈의지·권유〉

例) 子供がやったことだし、今度だけは大目に見てやろう。
아이가 한 일이니 이번 만큼은 너그럽게 보아[눈감아] 주마[주자]. 〈의지·권유〉

例) 雨も降っていることだし、もうこんな時間になったから
そろそろ終わりにしましょうか。
비도 내리기도 하고 벌써 시간도 이렇게 되었으니까, 슬슬 끝내기로 할까요? 〈권유〉

~こととて

【~라서, ~이기 때문에, ~이므로】

접속 명사-명사수식형(の) / な형용사-명사수식형 / い형용사-명사수식형 / 동사-명사수식형

핵심 《이유·원인》을 나타내는 「ので」에 해당하는 표현으로, 사죄·변명의 이유를 나타낼 때에 사용하는 표현이다. 예스럽고 딱딱한 격식 차린 표현으로, 문어체나 편지에서 사용된다.

例) 今回の海外派遣は急なこととて、ご挨拶にも伺えませんでした。
이번 해외파견은 갑작스러운 바람에 인사하러 찾아뵙지도 못했습니다.

例) 子供たちが出来心でやったこととて、なんとか許していただけないでしょうか。
아이들이 우발적인 충동으로 한 일이니[했으니], 어떻게 좀 용서해 주실 수 없을까요?

例) 慣れぬこととて、失礼をいたしました。
익숙하지 않아서 실례를 했습니다.

例) 最初は何も知らぬこととて、大変ご迷惑をおかけしました。
처음에는 아무것도 몰라서 대단히 폐를 끼쳐 드렸습니다.

024 〜ばこそ（〜のだ）

【〜이기에, 〜이기 때문에 (〜것이다)】

접속 명사-であれば / な형용사-어간+であれば / い형용사-어간+ければ / 동사-ば형

핵심 「바로 이것이 이유·원인이다」라고, 《이유나 원인을 강조》하는 표현으로, 마이너스적인 의미를 강조할 때는 그다지 사용되지 않는다. 「〜からこそ」〈N2문형〉와 같은 의미이다.

例) 両親は君のことを心配すればこそ、ああだこうだと説教しているんです。
부모님은 자네를 걱정하기 때문에, 이렇다 저렇다 설교하고 있는 것입니다.

例) 子供が可愛ければこそ、昔の人は子供に旅をさせたのだ。
자식이 귀엽기 때문에 옛날 사람들은 자식에게 여행을 시킨 것이다.

例) チーム関係者、家族、そしてファンの皆さまの暖かい応援が
あればこそその優勝でした。
팀 관계자, 가족, 그리고 팬 여러분의 따뜻한 응원이 있었기에 우승할 수 있었습니다.

例) 嬉しいことも、悲しいことも、楽しいことも、辛いことも、
全ては生きていればこそだ。死んでしまっては、何にもならない。
기쁜 일도, 슬픈 일도, 즐거운 일도, 괴로운 일도, 모든 것은 살아 있기 때문이다.
죽어 버리면 아무것도 안 된다.

025 ～(が)故(に)

【～라서, ～때문에】

접속 명사-(の)・である・だった /
な형용사-な・である・だった /
い형용사-보통형(기본형・과거형) /
동사-보통형(기본형・과거형)

핵심 《이유・원인》의 「～から」「～ので」「～ために」에 상당하는 예스러운 문어체적인 딱딱한 표현으로, 일반진리를 강조하는 표현이다. 일상생활에서 쓰이는 일은 거의 없고 서면상에서 쓰인다. 「・・・(が)故(に)、・・・。」처럼 문장 중간에 이어져서 접속조사로, 「・・・。故に、・・・。」처럼 문장 앞에 놓여서 접속사로 쓰인다. 또, 격식차린 회화에서는 「故」가 「이유・특별한 사정」이라는 의미의 명사로서 단독으로 사용되는 경우도 있다.

✐ 故 : 까닭, 이유. 〈명〉 // 까닭을 나타냄, ～때문에, ～이므로. 〈접속조사〉 //
그러므로, 따라서, 때문에, 고로. 〈접속사〉

例) 愛する(が)故に、憎しみが生まれる。
　　사랑하기 때문에 증오심이 생긴다. 〈접속조사〉

例) この地は盆地故に夏は暑く、冬は寒く、秋は短い。
　　이 지역은 분지이기 때문에, 여름은 덥고 겨울은 춥고 가을은 짧다. 〈접속조사〉

例) 哲学者デカルトの言葉で、「我思う、故に我あり」という名言がある。
　　철학자 데카르트의 말에, 「나는 생각한다, 고로 나는 존재한다」라는 명언이 있다. 〈접속사〉

例) 故あって、しばらく閉店いたします。
　　사정[이유]가 있어서 당분간[잠시] 폐점하겠습니다. 〈명사〉

026 ～手前

【(체면상) ～때문에, ～했으니】

접속　명사-の / 동사-보통형(기본형·과거형)

핵심　뭔가 말하거나 어떤 일을 해 버린 후에, 「사실은 그렇게 하고 싶지 않지만, ～했으니(때문에) 체면상 ～할 수밖에 없다」라고 자기의 체면을 지키기 위해서 어쩔 수 없이 실행한다는 것을 나타낼 때 사용하는 《이유·원인》의 표현이다. 문말에는 주로 「～ないわけにはいかない(～하지 않을 수는 없다) / ～ざるを得ない(～하지 않을 수 없다) / ～なければならない(～하지 않으면 안 된다) / ～しかない(～할 수밖에 없다) / ～よりほかはない(～할 수밖에 없다)」 등의 표현이 온다.

✎ 手前 : 바로 앞 / 체면, 면목 / (체면상) 때문에. 〈명〉

例)「今度は必ず行くから」と約束した手前、行かないわけにはいかない。
　　「이번에는 꼭 갈 테니까」라고 약속했기 때문에 가지 않을 수는 없다.

例)「それぐらいのことなら、俺に任せ」と大見得を切った手前、
　　いまさらできないとは言えない。
　　「그런 일쯤은 내게 맡겨」라고 큰소리쳤기 때문에, 이제 와서 못 하겠다고는 할 수 없다.

例)「何でも好きだ」と言った手前、不味かったけど、我慢して食べるしかなかった。
　　「뭐든지 좋아한다」고 말했기 때문에, 맛이 없었지만 참고 먹을 수밖에 없었다.

「～없이(는)」 시리즈

027 ～なくして(は)～ない

【～없이(는) ～않는다[없다], ～하지 않고(는) ～않는다[없다]】

접속　명사 / 동사-こと

> **핵심** 「A가 없으면, B할 수 없다」라는 의미이다. 「B(후건의 내용)을 성립시키기 위해서는, A(전건의 내용)이 필수불가결하다」라고 강조하는 표현이다. 문말에는 반드시 부정어(거의 가능형)를 동반한다.

例) 日々の努力 なくして(は)、成功なんかあり得ない。
　　나날의 노력 없이(는) 성공 같은 것은 있을 수 없다.

例) この問題を解決することなくして(は)、両国間の友好関係は望めない。
　　이 문제를 해결하지 않고서(는) 양국간의 우호관계는 바랄 수 없다.

例) 木村選手の活躍なくして(は)、今回の優勝はなかったと思う。
　　기무라 선수의 활약 없이(는) 이번 우승은 없었다고 생각한다.

例) 鈴木先生の指導と助言なくして(は)、論文を完成させることはできなかった。
　　스즈키 교수님의 지도와 조언 없이(는), 논문을 완성시키는 것은 불가능했다.

～なしに ～(ない) / ～なしには ～ない

【～없이(는) ～(않는다[없다]), ～하지 않고(는) ～(않는다[없다])】

> **접속** 명사 / 동사-こと
>
> **핵심** 부정어를 동반하는 경우, 「A가 없으면, B할 수 없다」라는 의미이다. 「B(후건의 내용)을 성립시키기 위해서는, A(전건의 내용)이 필수불가결하다」라고 강조하는 표현이다.
>   * 【なしに】로 쓰이는 경우, 문말에는 긍정어·부정어 둘 다 올 수 있다. 긍정이 오는 경우에는 필수불가결의 의미가 아니라, 당연히 해야 할 일을 안 했다 / 당연히 있어야 할 것이 없다는 의미이다.
>   * 【なしには】로 쓰이는 경우, 「は」가 한정의 의미이므로 문말에는 반드시 부정어(거의 가능형)를 동반한다.

例) 私の部下はいつも挨拶なしに、帰ってしまう。
　　내 부하는 항상 인사 없이[하지 않고] 돌아가 버린다. 〈긍정 – 당연히 해야 할 일×〉

例) 許可なしに、図書館の本を持ち出した。
  허가 없이 도서관의 책을 들고 나갔다. 〈긍정 – 당연히 해야 할 일×〉

例) 許可なしに(は)[=なくして(は)]、図書館の本を持ち出せない。
  허가 없이(는) 도서관의 책을 들고 나갈 수 없다. 〈부정 – 필수불가결〉

例) 努力することなしに(は)[=なくして(は)]、夢の花を咲かせることはできない。
  노력하지 않고(는) 꿈의 꽃을 피울 수 없다. 〈부정 – 필수불가결〉

例) 私は、あなたなしに(は)[=なくして(は)]、一日も生きてはいけません。
  저는 당신 없이(는) 하루도 살아갈 수 없습니다. 〈부정 – 필수불가결〉

例) 彼女の半生は涙なしに(は)[=なくして(は)]、聞けなかった。
  그녀의 반평생은 눈물 없이(는) 들을 수 없었다. 〈부정 – 필수불가결〉

03 연습문제

問題5. 次の文の(　)に入れるのに最もよいものを、1、2、3、4から一つ選びなさい。

1 この湖は、深いところは5メートル(　　)ので、遊泳禁止になっている。

 1 からする   2 からの
 3 からなる   4 からある

2 S社の採用試験には、毎年5,000人(　　)応募者が殺到している。

 1 からする   2 からの
 3 からなる   4 からある

3 この店のインテリアを変えるには200万円(　　)費用がかかる。

 1 からする   2 からの
 3 からには   4 からある

4 木村さんはいい人だが、(　　)きらいがある。

 1 他人の話を早合点する
 2 他人の話に耳を傾ける
 3 他人の話を尊重する
 4 他人の話によく相槌を打つ

5 学生評価は、学業成績だけではなく、独創性や自立性、これまでの研究成果や業績などをも考慮すること(　　)します。

 1 が   2 と
 3 で   4 の

6 仕事も終わった(　　　)、皆でビールでも一杯やりに行こうか。

　　1　ことに　　　　　　　2　ことだし

　　3　ことだから　　　　　4　こととて

7 今回の災害は苦しい経験であればこそ、(　　　)。

　　1　学ぶことも多かった

　　2　被災者は数百人にも上った

　　3　精神的ショックを受けた人が多い

　　4　とてもつらかった

8 パソコンの調子が悪くなり、メーカーのサービスセンターに電話で問い合わせたら、向こうの担当者に、あれこれ質問に答え(　　　)あげく、対応できないと言われた。

　　1　させる　　　　　　　2　させられた

　　3　させた　　　　　　　4　させられる

9 皆の前で「これは絶対間違いない」と断言した手前、(　　　)。

　　1　皆に自分が間違っていたことを潔く認めた

　　2　皆に頑固な人だと言われた

　　3　今さら自分が間違っていたとは言いづらい

　　4　私の意見が受け入れられた

10 運命にもてあそばれた彼女の人生は、涙なくしては(　　　)。

　　1　語れる　　　　　　　2　語ろう

　　3　語らない　　　　　　4　語れない

問題6. 次の文の ★ に入る最もよいものを、1、2、3、4から一つ選びなさい。

11 この焼き物は江戸時代の骨董品で、＿＿ ★ ＿＿ ＿＿ するそうだ。

　　1 となると　　　　2 から
　　3 100万円　　　　4 買う

12 父島、母島など大小30余りの島々＿＿ ＿＿ ★ ＿＿ が一年中見られる青い海や独特の風土が楽しめる南の島である。

　　1 小笠原諸島は　　2 クジラ
　　3 イルカや　　　　4 からなる

13 君は何でも＿＿ ★ ＿＿ ＿＿ が、それは良くないよ。

　　1 考える　　　　　2 がある
　　3 自分中心に　　　4 きらい

14 日本の＿＿ ★ ＿＿ ＿＿ 発展するためには自由貿易は必要不可欠である。

　　1 乏しい　　　　　2 天然資源の
　　3 ごとき　　　　　4 島国が

15 時代に縛られた価値観しか持たない＿＿ ＿＿ ★ ＿＿ はない。

　　1 批評する　　　　2 資格
　　3 ごときに　　　　4 お前

16 世間知らずの ___ ___ ★ ___ 大目に見ていただけないでしょうか。

1 やった　　　　2 何とか
3 こととて　　　4 愚息の

17 吸いたい気持ちはいつもあるが、タバコをやめると ___ ★ ___ ___ 吸うわけにはいかない。

1 手前　　　　2 約束した
3 タバコを　　4 家族と

18 この映画のラストの展開は ___ ★ ___ ___ 見られない。

1 涙　　　　2 なくしては
3 本当に　　4 切なくて

19 彼はコーヒーが ___ ___ ★ ___ が始まらないらしい。

1 なしには　　2 大好きで
3 一日　　　　4 コーヒー

20 苦労や痛みを ___ ★ ___ ___ は成長しないのです。

1 人間　　　　2 なしに
3 こと　　　　4 経験する

問題7．次の文章を読んで、21 から 25 の中に入る最もよいものを、1・2・3・4から一つ選びなさい。

「心のやすらぎ」というのは魅力のある言葉である。心のやすらぐ場所、心のやすらぎを与えてくれる人、それらを誰しも求めているのではなかろうか。その場所に居るだけで、何かほっとした気持ちになる。 21 、その人の傍に居ると、別に何を話すとか何もないのだけれど、心がやすらいでくる。 22 場所とか人とかを持っていると、その人はどんなにか幸福であろう。

「やすらぎ」ということを人々が強く求めるのは、日常生活にいかにそれが 23 を意味している。今日、「忙しい」を連発して生きている人がほとんどではなかろうか。そんなことはない、老人たちは何もすることなく生きているではないか、と言う人もあろう。

問題は、その老人たちは、その忙しくない生活のなかで「やすらぎ」を感じているだろうか、ということである。ここに人生の面白さがある。忙しすぎてやすらぎがない、という人がある 24 、何もすることがなくて、やすらぎがない人も結構存在するのである。従って、ともかく人間というものは、仕事せずにいれば 25 (a)とか、暇になれば 25 (b)などという単純なものではないことがわかる。

(河合隼雄『対話する人間』潮出版社)による

21　1 あしからず　　2 あるいは
　　3 あながち　　　4 あたかも

22　1 このとおり　　2 どのように
　　3 どちらの　　　4 このような

23	1 少ないか	2 飛び交っているか
	3 溢れているか	4 欠乏しているの

24	1 対等	2 反面
	3 とはいえ	4 その際

25　1 (a) やすらぐ / (b) なまける
　　2 (a) なまける / (b) やすらぐ
　　3 (a) やすらぐ / (b) やすらぐ
　　4 (a) なまける / (b) なまける

PART 3. 정답

問題5	1	4	2	2	3	2	4	1	5	2
	6	2	7	1	8	2	9	3	10	4
問題6	11	4132	12	4132	13	3142	14	3214	15	4312
	16	4132	17	4213	18	3412	19	2413	20	4321
問題7	21	2	22	4	23	1	24	2	25	3

| PART 4 |

「~지경[형편]이다, ~꼬락서니다」

028 | ~始末だ

【~지경이다, ~형편이다, ~모양이다, ~꼬락서니다】

접속 동사-기본형·ない형 / この·その·あの

핵심 【始末だ】는 동사나 「この·その·あの」에 접속하여 「나쁜 상황들이 반복되다가 결국에는 ~라는 좋지 않은 결과가 되었다」라고 그 《경위를 설명》할 때에 사용하는 표현이다. 뒷문장에는 「とうとう·ついに(드디어, 마침내, 결국)」, 「最後は(결국은)」 등의 말이 오는 경우가 많다.

始末 : 시말, 경위, 자초지종 / 처리 / (나쁜) 결과, 형편. 〈명〉

例) 彼はさんざん借金をしたあげく、ついには夜逃げまでしでかす始末だ。
그는 여기저기 빚을 낸 끝에, 끝내 야반도주까지 저지르는 지경이다[저지르게 되었다].

例) あの子は、いくら注意しても聞かないきかん坊で本当に困ります。窓ガラスを割ったり、椅子を投げたり、とうとう昨日は友達と喧嘩して、全治3週間の怪我をさせてしまう始末です。
저 아이는 아무리 주의를 줘도 듣지 않는 기승[고집]스러운 아이라 정말로 곤란합니다. 유리창을 깨기도 하고, 의자를 던지기도 하고, 결국 어제는 친구와 싸움을 해서 전치 3주의 부상을 입힌 지경입니다.

例) (我がままな息子を見ながら、お母さんがお父さんに)
「あなたが甘やかし過ぎるから、あの始末よ。」
(버릇없는 아들을 보면서, 어머니가 아버지에게)
「당신이 너무나 응석을 받아 주니까 애가 저 꼬락서니지(모양이지)」

「~투성이」 시리즈

029 ~だらけ 〈N2문형〉

① 【~투성이】〈많다〉
② 【~투성이】〈(씻어 낼 수 있는 이물질이) 표면에 많이 묻어 있다〉

접속 명사

핵심 ① 좋지 않은 것이《보통 이상으로 많다》라는 의미의 접미어.

② 씻어 낼 수 있는, 더럽거나 불쾌한 이물질이《표면 전체 또는 넓은 범위에 많이 묻어 있다》라는 의미의 접미어이다.

* 둘 다 불쾌함·더러움·과도함 등의 좋지 않은 인상을 주는 표현이므로, 좋은 내용에는 쓰지 않는다.

🖉 だらける : 느즈러지다, 단정하지 못하다. 〈자〉

例) 彼は欠点だらけ[×まみれ]の人間だ。
그는 결점투성이인 인간이다. 〈많다〉

例) 部屋がゴミだらけ[×まみれ]で、何から手をつけたら良いか分からない。
방이 쓰레기투성이어서, 뭐부터 손을 대야 할지 모르겠다. 〈많다〉

例) 彼の作文は間違いだらけ[×まみれ]で分かり難い。
그의 작문은 오류투성이어서 이해하기 어렵다. 〈많다〉

例) 交通事故に遭って全身血だらけ[○まみれ]の女性が道路上に倒れていた。
교통사고를 당해서 온몸이 피투성이인 여성이 도로 위에 쓰러져 있었다. 〈많이 묻어 있다〉

例) 息子は泥だらけ[○まみれ]になって帰ってきた。
아들은 진흙투성이가 되어서 돌아왔다. 〈많이 묻어 있다〉

例) 選手たちは汗だらけ[○まみれ]で、延長戦に臨んだ。
선수들은 땀투성이로 연장전에 임했다. 〈많이 묻어 있다〉

~まみれ

【~투성이】〈(씻어 낼 수 있는 이물질이) 표면에 많이 묻어 있다〉

접속　명사

핵심　「씻어 낼 수 있는, 더럽거나 불쾌한 이물질이 표면 전체 또는 넓은 범위에 많이 묻어 있다」라는 의미이다. 특히 몸이나 옷 등에 묻어서 불쾌감을 느낄 때 사용한다.

　🔖 まみれる：(땀·피·먼지 등이 묻어) 더러워지다, ~투성이가 되다. 〈자〉

例) 子供たちは雨の中、泥まみれ[○だらけ]になってサッカーをやっていた。
아이들은 빗속에서 진흙투성이가 되어 축구를 하고 있었다.

例) トラックの下から這い出してきた修理工は、
全身真っ黒な油まみれ[○だらけ]だった。
트럭 밑에서 기어 나온 수리공은, 온몸이 새까만 기름투성이었다.

例) こんな暑さの中、クーラーも無く、
みんな、汗まみれ[○だらけ]で働いていた。
이런 더위 속에서 냉방 장치도 없이, 모두 땀투성이로 일하고 있었다.

例) 本棚の上は埃まみれ[○だらけ]だった。
책장 위는 먼지투성이었다.

例) 殺人事件現場近くのゴミ箱から、
血まみれ[○だらけ]のナイフが発見された。
살인사건 현장 근처 쓰레기통에서 피투성이 칼이 발견되었다.

～ずくめ

① 【～투성이】
② 【～일색】

접속 명사

핵심 ① 「전부 좋은 것뿐이다[투성이다] / 전부 좋지 않은 것뿐이다[투성이다]」라는 의미이다. 주로 일상생활 주변에서 일어나는 좋은 일에 사용한다.
② 「전부 일색으로 가득 채워져 있다」라는 의미이다. 모든 색에 다 쓰이는 것이 아니라 검은색에만 쓰인다.

　尽くめ :《명사에 붙어》모두가 그것뿐임을 나타냄. 〈접미〉

例) ジョギングは、健康にもダイエットにも良いから、良いことずくめだ。
조깅은 건강에도 다이어트에도 좋기 때문에, 좋은 것 투성이다. 〈(좋은 것) 투성이〉

例) 納豆は「畑の肉」と呼ばれる大豆が主原料で、良質のタンパク質とビタミンBや鉄分、食物繊維が多いので、良いことずくめだ。
낫토는 「밭의 고기」라고 불리는 콩이 주원료로, 양질의 담백질과 비타민B와 철분과 식물(성) 섬유가 많기 때문에 좋은 것 투성이다. 〈(좋은 것) 투성이〉

例) 娘の結婚、息子の昇進と、今年はめでたいことずくめの一年だった。
딸의 결혼과 아들의 승진으로, 올해는 경사스러운 일뿐인 한 해였다. 〈(좋은 것) 투성이〉

例) 間違いずくめの作文。
틀린 것 투성이인 작문. 〈(좋지 않은 것) 투성이〉

★ 뉘앙스 : 처음부터 끝까지 전부 틀렸다는 뉘앙스 !!

cf) 間違いだらけの作文。
틀린 것 투성이인 작문. 〈(좋지 않은 것) 투성이〉

★ 뉘앙스 : 틀린 것이 보통 이상으로 많다는 뉘앙스 !!

例) 全身黒ずくめの男の人が家の前に立っていた。
전신이 온통 검은 옷 일색의 남자가 집 앞에 서있었다. 〈일색〉

例) その黒ずくめの謎の集団は、市庁の方に向かって歩いていた。
그 온통 검은 일색의 옷차림을 한 수수께끼[정체 불명]의 집단은, 시청 쪽을 향해 걸어가고 있었다.
〈일색〉

「~하지 못하고 말다」

030 ~ずじまいだ

【~하지 못하고 말다, ~하지 못하고 끝나다】

접속 동사-ない형

핵심 「본래 해야 할 것이나 하려고 생각했던 것을, 심리적·시간적·물리적 장해로 인해 하지 않은[못한] 채 끝나 버리다」라는 의미이다. 시기를 놓쳐 버린 것에 대한 후회·유감·실망 등의 감정이 들어 있는 경우가 많다. 「結局 (결국)」 「とうとう(끝내, 결국)」 등의 말과 호응되는 경우가 많으며, 약간 구어체적인 표현이다.

- 仕舞う: 끝나다, 파하다. 〈자〉 // 끝내다, 마치다. 〈타〉
- 仕舞い: 끝, 마지막 / 끝냄, 마침 / 끝장. 〈명〉

例) 今日は忙し過ぎて、結局、昼ご飯も食べずじまいだった。
오늘은 너무 바빠서 결국 점심도 먹지 못하고 말았다.

例) 躊躇っていて、「付き合おう」という一言が、とうとう言えずじまいだった。
망설이고 있다가 「사귀자」라는 한마디를 결국 하지 못하고 말았다.

例) いなくなった子犬を懸命に捜したが、
結局、その行方は分からずじまいだった。
없어진 강아지를 열심히 찾았지만, 결국 그 행방은 알지 못하고 말았다.

例) 食後にはへたれてしまい、風呂にも入らずじまいで、そのまま寝てしまいました。
식사 후에는 녹초가 되어서 목욕도 못하고 그대로 자 버렸습니다.

例) 今年の冬こそ毛皮のコートを買おうと思っていたが、
結局、買わずじまいになった。
올겨울이야말로 모피 코트를 사려고 생각했는데, 결국 사지 못하고 말았다.

「~하지 않을 수 없다」 시리즈

031 ～ずには[＝ないでは]いられない 〈N2문형〉

【~하지 않을 수 없다, ~하지 않고는 못 배긴다】〈자연적·본능적〉

접속 동사-ない형

핵심 어떤 일의 상황을 보고 「~하려는 마음이 생겨 도저히 ~할 수밖에 없다」라는 뜻이다. 도저히 억제할 수 없는 마음이 《자연적·본능적》으로 솟아오르는 개인적인(화자의) 감정을 나타내는 표현이다.

＊ 화자의 감정을 나타내는 표현이므로, 3인칭에 사용할 때는 문말에 「ようだ・らしい・のだ」를 붙여야 한다.

＊ 「する」의 경우는, 「せずにはいられない」가 된다.

例) あの映画の最後のシーンは、泣かずにはいられない。
그 영화의 마지막 장면은 울지 않을 수 없다[울지 않고는 못 배긴다].

例) 彼の行動があまりにもおかしくて笑わずにはいられなかった。
그의 행동이 너무나도 우스꽝스러워서 웃지 않을 수 없었다.

例) 体に悪いと分かっていても、ストレスを感じる日は
お酒を飲まずにはいられない。
몸에 나쁘다고 알고 있으면서도, 스트레스를 느끼는 날은 술을 마시지 않을 수 없다
[마시지 않고는 못 배긴다].

例) ダイエットをしているが、ケーキ屋の前を通ると、買わずにはいられない。
다이어트를 하고 있지만, 케이크 가게 앞을 지나면 사지 않을 수 없다[사지 않고는 못 배긴다].

例) 困っている人を見たら、助けずにはいられない。
곤란에 처해 있는 사람을 보면, 돕지 않을 수 없다[돕지 않고는 못 배긴다].

* 木村さんは最近お酒を飲みすぎている。
  ストレスが溜まって飲まずにはいられないらしい。

  기무라 씨는 요즘 과음하고 있다. 스트레스가 쌓여서 마시지 않고는 못 배기는 모양이다. 〈3인칭〉

～ずには[＝ないでは]済まない

① 【～하지 않을 수 없다, ～하지 않고서는 해결[용서]되지 않는다】 〈문제·사건〉
② 【～하지 않을 수 없다, (자신의 기분상·입장상) 반드시 ～해야 한다】 〈상식·상황〉

접속 동사-ない형

핵심 ① 어떤 문제나 사건을 일으켰기 때문에, 사회적 규칙·도덕적 기준에 비춰 볼 때, 「～하지 않으면 문제·사건이 해결(용서)되지 않는다」라고 말하고자 할 때 사용하는 매우 정중한 표현이다. 특정한 행위나 일이 불가피하게 된 것을 나타낸다.
② 상황이나 사회상식에 비춰 볼 때, 「～하지 않으면 상식·상황에 어긋나는 행위이므로, (자신의 기분상·입장상) 반드시 ～해야 한다」라고 말하고자 할 때 사용하는 매우 정중한 표현이다. 특정한 행위나 일이 불가피하게 된 것을 나타낸다.

✐ 済む: 끝나다, 완료되다 / 해결되다, 결말이 나다. 〈타〉

例) 損害を与えたのだから、弁償せずには済まないだろう。

손해를 입혔으니 변상하지 않을 수 없을 것이다[변상하지 않고서는 해결되지 않을 것이다].
〈문제·사건〉

例) 交通違反をして捕まったのだから、罰金を払わずには済まない。

교통위반을 해서 붙잡혔기 때문에, 벌금을 내지 않을 수 없다[벌금을 내지 않고서는 해결이 안 된다].
〈문제·사건〉

例) 周りの人に多大な迷惑をかけたのだから、謝罪せずには済まないだろう。

주변 사람들에게 큰[많은] 폐를 끼쳤으니, 사죄하지 않을 수 없을 것이다[사죄하지 않으면 해결되지 않을 것이다]. 〈문제·사건〉

例) 恩師の出版記念パーティーだから、顔を出さずには済まないだろう。

은사님의 출판기념 파티이니까 참석하지 않을 수 없을 것이다
[반드시(꼭) 참석해야 할 것이다]. 〈상식·상황〉

例) いつもお世話になっている木村さんが入院されたんだから、
お見舞いに行かずには済まない。

항상 신세를 지고 있는 기무라 씨가 입원하셨으니, 병문안 가지 않을 수 없다
[반드시(꼭) 병문안 가야 한다]. 〈상식·상황〉

例) 青木さんには留学中お世話になったのだから、
帰国前に一度お礼に行かずには済まない。

아오키 씨에게는 유학 중에 신세를 졌기 때문에, 귀국하기 전에 한 번 사례 인사를 하러 가지
않을 수 없다[반드시(꼭) 가야 한다]. 〈상식·상황〉

～ずには[＝ないでは]おかない

①【～하지 않을 수 없다, 반드시[꼭] ～해 주고야 말겠다】〈복수·보복〉 강한 결의〉
②【～하지 않을 수 없다, 반드시[꼭] ～한다, 반드시[꼭] ～하게 한다[하게 만든다]】
〈자연·자발〉

접속 동사-ない형

핵심 ① 동작동사에 접속하여,「～하지 않으면 마음이 안 풀린다, 반드시[꼭] ～해 주고야 말겠다」라는 복수·보복의 심리가 강하게 드러난《강한 결의》를 나타낸다. 대상을 강제적으로 어떤 상황에 몰아 넣는다는 뉘앙스를 가진다.
② 무생물 주어이며 감정이나 심리상태를 나타내는 동사(주로 사역형)에 접속하여,「자연히 ～가 일어난다, 반드시(꼭) ～한다, 반드시(꼭) ～하게 한다」라는《자연·자발》의 감정을 나타낸다. 자연히 어떤 상황이나 심리상태에 몰린다는 뉘앙스를 가진다.

例) 私を騙した奴らに、仕返しをせずにはおかない。

나를 속인 놈들에게 복수를 하지 않을 수 없다[반드시 복수해 주고야 말겠다]. 〈(복수·보복) 강한 결의〉

例) そんなことをしてみろ。痛い目に遭わせずにはおかないぞ。

그렇게 해봐 라. 반드시 따끔한 맛을 보여 주고야 말겠다. 〈(복수·보복) 강한 결의〉

例) 理由がどうであれ、暴力を振るわれたら、法に訴えずにはおかない。

이유가 어떻든, 폭력을 휘두르면 고소하지 않을 수 없다[반드시 고소하고야 말겠다].
〈(복수·보복) 강한 결의〉

例)「自由・平和・真実、そして愛のメッセージを伝えている」尾崎豊の歌は、聴く者を感動させずにはおかない。

「자유·평화·진실, 그리고 사랑의 메시지를 전하고 있는」오자키유타카의 노래는
듣는 사람을 감동케 하지 않을 수 없다[반드시 감동시킨다(감동하게 만든다)]. 〈자연·자발〉

例) 彼の言動は、他の人に不信感を抱かせずにはおかない。

그의 언동은 다른 사람들에게 불신감을 품게 하지 않을 수 없다[꼭 불신감을 품게 한다(만든다)].
〈자연·자발〉

例) この映画は見る者の胸を打たずにはおかないものがある。

이 영화는 보는 사람들을 꼭 감동케 하는 데가 있다. 〈자연·자발〉

「~을 금할 수 없다」

032 ~を禁じ得ない

【~을 금할 수 없다】

접속 명사

핵심 감정을 나타내는 명사에 접속하여, 「상황이나 사정을 보고, 마음속에서 자연스럽게 그러한 기분이 생겨서 감정을 스스로 억제할 수 없다」라는 문어체 표현이다. 「~ずにはいられない」나 「~てならない」 등으로 바꿔 쓸 수 있다. 앞에 오는 명사는 「涙 (눈물)·同情 (동정)·驚き(놀람)·怒り(분노)·憤り(분노)·憎しみ(증오)·失望(실망)·悲しみ(슬픔)·~の念(~생각, 심정)」 등의 명사가 주로 사용된다.

例) 災害で家や家族を失った人たちのことを思うと、同情を禁じ得ない。

재해로 집과 가족을 잃은 사람들을 생각하면 동정을 금할 수 없다.

例) 外国人がこれほど見事な俳句を作ったことには、
まさに驚きを禁じ得ませんでした。
외국인이 이토록 뛰어난 하이쿠를 지은 것에는, 정말로 놀라움을 금할 수 없었습니다.

例) まるで「他人事」のような政府の無責任な対応に、怒りを禁じ得ない。
마치 「남의 일」인 것처럼 여기는 정부의 무책임한 대응에, 분노를 금할 수 없다.

例) 事故で子供を亡くした彼女の話を聞いて、
木村さんは涙を禁じ得なかったそうだ。
사고로 아이[자식]을 잃은 그녀의 이야기를 듣고, 기무라 씨는 눈물을 금할[참을] 수 없었다고 한다.

* 悲しみを禁じ得ない 슬픔을 금할 수 없다. 〈N1〉
悲しまずにはいられない 슬퍼하지 않을 수 없다. 〈N2〉
悲しくてならない 슬퍼서 참을 수 없다(견딜 수 없다, 죽겠다). 〈N2〉

「~조차 / ~만으로도」 시리즈

033 ~すら / ~ですら / ~にすら

【~조차, ~도 / ~조차, ~라도 / ~에게 조차, ~에게도】〈강조〉

접속 명사

핵심 「~も」라는 의미로, 「물론, 그 이상의 다른 것에 대해서도 그렇다」라는 것을 암시한다. 전건에 정도가 낮은 극단적인 예, 또는 너무나 당연한 예를 제시하여 《강조》하는 표현이다. 그 제시된 예에 대해서 〈경시·멸시〉의 감정이 들어 있기 때문에, 「이런 것도 ~않다」라고, 놀람이나 어이없는 기분을 강하게 나타내는 좋지 않은(부정적인) 일에 주로 쓰인다.
후건에는 부정적인 내용이 서술되는 경우가 많다.

* 주격에 붙는 경우는 「ですら」, 대상에 붙는 경우는 「にすら」의 형태로 사용된다.

* 【さえ】〈N2문형〉 과 거의 비슷하게 사용되는 문형이지만, さえ 보다는 약간 문어체적인 표현이다.

例) 今日は仕事が忙しくて、昼ご飯を食べる時間すらなかった。 <= も>
오늘은 일이 바빠서 점심 먹을 시간조차[도] 없었다.

例) 最近、挨拶すらろくにできない若者が増えている。 <= も>
요즘 인사조차[도] 제대로 못하는 젊은이들이 늘고 있다.

例) 李先生は寝る時間すら惜しんで、資料作りと研究に没頭した。 <= も>
이 선생님은 자는 시간조차[도] 아껴 가며, 자료작성과 연구에 몰두했다.

* 小学生ですら解ける簡単な問題を君が解けないなんて。 <= でも>
초등학생조차[이라도] 풀 수 있는 간단한 문제를 자네가 못 풀다니.

* そんなこと、子供ですら知っている。 <= でも>
그런 건 아이들조차[이라도] 안다.

* その理由は、専門家ですら分からないのだから、
素人の私達に分かるはずがない。 <= でも>
그 이유는 전문가조차[라도] 모르니까, 아마추어인 우리가 알 수 있을 리 없다.

* アルプスのような高山には、夏ですら雪が残っている。 <= でも>
알프스와 같은 고산에는 여름에도 눈이 남아 있다.

* この話は、妻にすら言えなかった。 <= にも>
이 이야기는 아내에게조차[아내에게도] 말 못 했다.

~だに

① 【~조차】
② 【~하는 것만으로도】

접속　① 명사
　　　　② 동사-기본형

핵심　①「~さえ / ~すら」《~조차》의 의미를 나타낸다. 대부분의 경우 부정형과 호응해서 【~だに ~ない】의 형태로 사용된다. 좀 예스러운 느낌의 문어체적인 표현으로, 「想像(상상)・予想(예상)・微動(미동)・夢(꿈)」 등의 제한된 명사에 붙어 관용적으로 사용된다.

　　　　②「~するだけでも」《~하는 것만으로도》의 의미를 나타낸다. 좀 예스러운 느낌의 문어체적인 표현으로, 「考える(생각하다)・思う(생각하다)・思い出す(생각해 내다)・想像する(상상하다) / 見る(보다) / 聞く(듣다) / 言う(말하다)・口に出す(말하다)」 등의 제한된 동사(감각동사)에 붙어 관용적으로 사용된다.

例) 人類が月に行ける日が来るなんて、１００年前には想像だにしなかったことだ。
인류가 달에 갈 수 있는 날이 오다니, 100년 전에는 상상조차 하지 못했던 일이다.

例) 誰も予想だにしなかった展開が繰り広げられている。
어느 누구도 예상조차 못 했던 일이 전개되고 있다.

例) 車は力強く押しても引いても、微動だにしなかった。
차는 힘껏 밀어도 당겨도 미동조차 하지 않았다.

例) 私がこのような名誉ある賞を頂けるとは夢にだに思わなかった。
내가 이런 명예 있는 상을 받을 수 있으리라고는 꿈에서조차 생각 못했다.

例) 本当に２千万円の宝くじが当たるなんて、夢にだに見なかった。
정말로 2천만 엔짜리 복권이 당첨되다니 꿈조차 못 꾸었다.

例) テロで大勢の人が犠牲になるなんて、考えるだに恐ろしい。
테러로 많은 사람들이 희생된다니 생각하는 것만으로도 소름이 끼친다.

例) 親が子供を虐待するなんて、想像するだに恐ろしい。
부모가 아이[자식]을 학대하다니 상상하는 것만으로도 무섭다.

～だけましだ

【～한 것만은 다행이다, ～만으로도 다행이다, 그나마 다행이다】

접속 명사-である / な형용사-명사수식형(な·である) /
い형용사-보통형(기본형·과거형) /
동사-보통형(기본형·과거형)

핵심 《좋지 않은 상황》이지만, 「더 심해지지 않아 이 정도로 다행이다」「최악의 상황보다는 그래도 낫다」라는 의미이다.

例) 地震でガスも電気も止まっていて大変な状況だけど、水が出るだけましだ。
지진으로 가스도 전기도 끊겨서 힘든 상황이지만, 물이 나오는 것만은 다행이다.

例) カバンを盗られてしまったが、財布が無事だっただけましだ。
가방을 도둑 맞았지만 지갑이 무사한 것만은 다행이다.

例) A: せっかくのバーベキューパーティーというのに、
天気予報、当たりませんでしたね。
B: どんより曇ってはいるが、雨が降らないだけましだよ。
A: 모처럼만의 바비큐 파티인데 일기예보 빗나갔네요.
B: 잔뜩 흐려 있기는 하지만, 비가 내리지 않는 것만으로도 다행이야.

04 연습문제

問題5. 次の文の(　)に入れるのに最もよいものを、1、2、3、4から一つ選びなさい。

1 皆ゴミの分別がいい加減だなぁ。何度も注意しているのに、この(　　　)。

　　1　ずじまいだ　　　　　2　しまつだ
　　3　ましだ　　　　　　　4　までだ

2 彼女の部屋は漫画(まんが)だらけで、(　　　)。

　　1　医者を目指している感じではなかった
　　2　さすが一流漫画家は桁(けた)が違う
　　3　マンガなら何でも知っていて、「マンガ博士」と言われている
　　4　一流の漫画家を目指して頑張っている

3 床に付いている足跡から、犯人は泥(　　　)の靴を履いていたと判断される。

　　1　っぽい　　　　　　　2　ずくめ
　　3　がち　　　　　　　　4　まみれ

4 (インタビューで)

　　A:「お店で一番気をつけていることは何ですか。」
　　B:「衛生管理です。メニューの殆(ほとん)どが肉料理なので、お客様に食事を(　　　)、何よりも衛生面に気を使っています。」

　　1　お出しになる以上
　　2　お出しするうえ
　　3　お出しする以上
　　4　お出しになるうえ

5 昨日のパーティーでは、久しぶりに会った旧友と学生時代の話で盛り上がって、結局何も(　　)だった。

　　1 食べっぱなし　　　　2 食べるまい
　　3 食べずじまい　　　　4 食べるしまつ

6 ワールドカップで念願のベスト16進出が決まった瞬間は、(　　)。

　　1 興奮せずにはすまなかった
　　2 興奮せずじまいだった
　　3 興奮せざるを得なかった
　　4 興奮せずにはいられなかった

7 知り合いに借りた高価な釣り竿を壊してしまったのだから、新しいのを買って(　　)だろう。

　　1 返さずにはすまない
　　2 返さずにはいられない
　　3 返さずにはおかない
　　4 返さずじまい

8 こんなひどいことをされたのだから、いつかあいつに(　　)しないではおかないぞ。

　　1 非難　　　　　　　　2 謝罪
　　3 仕返し　　　　　　　4 土下座

9 このような「異常気象」が頻発するようになるとは、30年前には、想像だに(　　)。

　　1 しただろう　　　　　2 しなかった
　　3 しないものでもなかった　　4 していた

10 娘：「お母さん、今週の土曜日、友達と紅葉狩りにからす山に
　　　　行ってきても良い？」
　　母親：「だめよ。今の季節、あの山には毒蛇が多いのよ。
　　　　万が一、（　　　）もうそれでおしまいでしょ。」

　　1 噛ませるなどしても　　2 噛ませるくらいしても
　　3 噛まれさえしたら　　　4 噛まれでもしたら

問題6. 次の文の　★　に入る最もよいものを、1、2、3、4から一つ選びなさい。

11 彼はギャンブルにはまって借金を重ねたあげく、ついには＿＿＿ ＿＿＿ ★ ＿＿＿だ。

　　1 まで　　　　　　　　2 始末
　　3 夜逃げ　　　　　　　4 しでかす

12 引越業者の荷物の取り扱いが乱暴だったのか、＿＿＿ ＿＿＿ ★ ＿＿＿になっていた。

　　1 だらけ　　　　　　　2 運ばれてきた
　　3 家具は　　　　　　　4 傷

13 引っ越しの荷造りをしていたら、＿＿＿ ＿＿＿ ★ ＿＿＿の古い写真が一枚見つかった。

　　1 タンスの　　　　　　2 まみれ
　　3 奥から　　　　　　　4 ほこり

14 駅前で会った彼女は、お葬式帰りだったらしく＿＿＿ ★ ＿＿＿ ＿＿＿していた。

　　1 黒　　　2 の　　　3 ずくめ　　　4 服装を

15 6月に新しい水着を買いましたが、結局、この ____ ★ ____ ____ でした。

　　1 一度も　　　2 じまい　　　3 夏は　　　4 着ず

16 恩師木村先生の出版記念パーティーだから、____ ____ ★ ____ だろう。

　　1 ないでは　　　　　2 顔を
　　3 済まない　　　　　4 出さ

17 雪崩に襲われ、雪の下敷きになった主人を救い出した忠犬を描いたこの映画は、____ ★ ____ ____ ない。

　　1 見る　　　　　　　2 ずにはおか
　　3 人を　　　　　　　4 感動させ

18 資金繰りが急速に悪化し、お取引先への支払いはおろか、社員への ____ ____ ★ ____ ような状況に陥ってしまった。

　　1 支給　　　　　　　2 滞る
　　3 給与の　　　　　　4 すら

19 ゲームの真似をして、人を殺すなんて ____ ____ ★ ____ 事件だ。

　　1 する　　　　　　　2 だに
　　3 想像　　　　　　　4 恐ろしい

20 木村君は勉強への意欲は全然見せず、授業中いつも寝ている ____ ★ ____ ____ ました。

　　1 来る　　　　　　　2 だけ
　　3 学校へ　　　　　　4 が

問題7．次の文章を読んで、21 から 25 の中に入る最もよいものを、1・2・3・4から一つ選びなさい。

「マシュマロテスト」という実験がある。4歳の子供を一人ずつ部屋に呼んで、マシュマロを1個与え、「おじさんはちょっと用事があるから出かけるけど、そのマシュマロを食べないで待っていてくれたら、もう1個あげる。すぐに食べても良いけど、食べるのは1個だけだよ。」と言って部屋を出る。そして、15分後に戻るまで、子供の様子を観察するのである。実験はこれだけだが、子供たちのその後の成長を追跡(ついせき)調査するのである。

21 、子供たちが成長した14年後に変化が現れる。4歳のときに、目の前のマシュマロを食べずに我慢(がまん)して、2個目のマシュマロを待つことができた子供は、一般に、周囲への適応力に優れ、困難に対処する能力においても、また、試験の成績においても優れた高校生に成長した。22 、我慢できずに1個目のマシュマロを食べてしまった子供は、傷つきやすく、頑固(がんこ)な性格になる傾向が強かった。彼らはストレスに耐えることができず、困難な問題から逃げようとする傾向が見られたのである。また、試験の成績も、待つことができた子供に比べて、明らかに 23 のである。

この実験から分かることは、幼児のころの性格が、その後の成長に大きく関係しているということだ。24 、頭が良いか悪いかといった 25 (a)の測定よりも、こういった言わば 25 (b)の能力を見極めることの方が、その後の成長を正確に予測できるということなのである。

21　1　いずれにせよ　　　2　すると
　　3　さもないと　　　　4　ややもすると

22	1 それどころか	2 ところで
	3 ところが	4 たところで

23	1 劣っていた	2 五十歩百歩だった
	3 優等生だった	4 勝るとも劣らなかった

24	1 さぞかし	2 あたかも
	3 まんざら	4 つまり

25	1 (a) 感情 / (b) 知恵
	2 (a) 感覚 / (b) 知能
	3 (a) 知能 / (b) 感情
	4 (a) 知恵 / (b) 感覚

PART 4. 정답

問題5	1	2	2	1	3	4	4	3	5	3
	6	4	7	1	8	3	9	2	10	4
問題6	11	3142	12	2341	13	1342	14	1324	15	3142
	16	2413	17	1342	18	3142	19	3124	20	4312
問題7	21	2	22	3	23	1	24	4	25	3

| PART 5 |

「단지 ~뿐이다 / 단지 ~뿐만 아니라」

034 ただ ~のみだ

【단지[오로지] ~뿐[만]이다】

접속 명사(である) / な형용사-である / い형용사-기본형 / 동사- 기본형

핵심 「단지 ~뿐[만]이다」「그 이외에는 없다」라고《한정》할 때 사용하며, 딱딱한 문어체 표현이다.

- ただ: 단지, 단, 오직, 그저, 오로지. 〈부〉
- のみ: ~뿐, ~만. 〈부조사〉

例) 今はただ、行方不明者全員の無事生還を祈るのみです。
지금은 단지[오로지] 행방불명자 전원의 무사생환을 빌 뿐입니다.

例) 今回の飛行機墜落事故の生存者は、ただ赤ちゃん一人のみだったそうだ。
이번 비행기 추락사고의 생존자는 단(지) 아기 한 명뿐이었다고 한다.

例) 失敗しても拘るな。今は、ただ前進あるのみ。
실패해도 연연하지 마라. 지금은 오로지 전진만이 있을 뿐[전진할 뿐].

ただ[ひとり] ～のみならず(～も)

【단지 ～뿐만 아니라 (～도)】

접속 명사(である) / な형용사-である / い형용사-기본형 / 동사- 보통형

핵심 「단지 ～뿐만 아니라 다른 것도 더 있다」라고, 《추가》할 때 사용하는 표현이다. 「그것뿐만 아니라 더욱더 범위가 넓게 미치다」라는 뜻을 나타내는 「のみならず」 앞에 「ただ」를 붙여서, 「のみならず」를 강조한 딱딱한 문어체 표현이다.

🖉 ひとり: 한 사람, 1명 / 혼자. 〈명〉 // 홀로, 혼자서. 〈부〉 /
 《부정의 말이 따르며》단지, 다만, 단순히. 〈부〉

例) この漫画はただ[＝ひとり]子供のみならず、大人にも人気がある。
이 만화는 단지 아이들뿐만 아니라, 어른들에게도 인기가 있다.

例) 彼はただ[＝ひとり]勇敢であるのみならず、
素直で優しい心の持ち主でもある。
그는 단지 용감할 뿐만 아니라, 순박하고 상냥한 마음의 소유자이기도 하다.

例) 彼女はただ[＝ひとり]生まれ付きの才能があるのみならず、
人一倍の努力家でもある。
그녀는 단지 타고난 재능이 있을 뿐만 아니라, 남보다 갑절의 노력가이기도 하다.

例) 尾崎豊はひとり[＝ただ]平和を願ったのみならず、
平和のために歌い続けていた。
오자키 유타카는 단지 평화를 기원했을 뿐만 아니라, 평화를 위해서[평화를 위한] 노래를 계속 불렀다.

「~한 들, ~해 보았자」

035 ~たところで(~ない)

【~한 들, ~해 보았자 (~않는다)】

접속　동사-た형

핵심　「아무리 ~해도」라는 의미로, 가령 전건과 같은 일을 해도 기대하는 결과는 얻을 수 없다라는 것을 나타내는 표현이다. 문장 끝에는 《부정적인 판단》을 나타내는 표현이 온다.
「~て下さい」「~たい」등의 의지를 나타내는 표현이나 「~た / ~だった」등의 사실을 나타내는 표현은 쓸 수 없다.

☛ 【~たところ】: ~했더니, ~해 봤더니, ~했는데. ⟨N2⟩ 와 혼동하지 말 것 !!

例) 急いだところで、終電に間に合いっこない。
　　서둘러 봤자 마지막 전철 시간에 맞출 수 있을 리가 없어.

例) 彼は、周りの人が何を言ったところで、素直に聞くような人間じゃない。
　　그는 주위 사람들이 무슨 말을 한들, 순순하게[고분고분] 들을 인간이 아니다.

例) これ以上議論を続けたところで、堂々巡りを繰り返すだけだ。
　　이 이상 의논을 계속해 봤자, 진전 없이 겉돌기만 할 뿐이다.

「~라도」

036 ~たりとも(~ない)

【~라도 (~않다)】

접속　수사 (주로 최소 단위인 1과 관련 있는 수사)

핵심　「~이라도 결코 ~않다」라는 뜻의 전면 부정표현이다. 구어에 쓰는 경우는 많지 않으며, 앞에 나오는 단어는 「1」로 시작하는 수사가 많고, 문말에는 부정(~ない) 또는 금지(~な) 표현이 오는 경우가 많다.

例) 俺[おれ]は君[きみ]のことを一日[いちにち]たりとも忘[わす]れたことがない。
나는 너를 하루라도 잊은 적이 없다.

例) 乗客[じょうきゃく]の安全[あんぜん]を守[まも]るためには、一瞬[いっしゅん]たりとも油断[ゆだん]はできない。
승객의 안전을 지키기 위해서는 한순간이라도 방심할 수 없다.

例) 子供[こども]のころ、「ご飯[はん]は一粒[ひとつぶ]たりとも残[のこ]してはいけない」と、親[おや]に厳[きび]しく躾[しつ]けられた。
어릴 적, 「밥은 한 톨이라도 남겨서는 안 된다」고 부모님께 엄격히 가정교육을 받았다.

例) アリ一匹[いっぴき]たりとも、ここを通[とお]すな。
개미 한 마리라도 여기를 지나가게 하지 마라.

「~된, ~될, ~라는」

037 ~たる + 명사(者[もの])

【~된, ~될, ~라는, 적어도 ~로서의 자격을 갖춘】

접속 명사

핵심 「(사람이나 조직·사회·국가 등 의인화할 수 있는 대상)은 ~입장에 있기 때문에 거기에 걸맞게 당연히 ~라야 한다」라는《사회적 상식》을 나타내는 표현으로, 딱딱한 문어체이다. 대상이 되는 명사에는, 「学生[がくせい](학생)·親[おや](부모)·教師[きょうし](교사)·医者[いしゃ](의사)·政治家[せいじか](정치가)·社長[しゃちょう](사장)」등의 지위나 직업을 나타내는 명사가 주로 온다.
대개 「~べきだ·~なければならない·~てはいけない」와 호응하여 당연히 가져야 할 일반적 견해나 판단을 제시한다.

例) 教師[きょうし]たる者[もの]、生徒[せいと]たちのお手本[てほん]になるべきだ。
교사라는 자(사람)은[적어도 교사로서의 자격을 갖춘 자(사람)는], 학생들의 모범[본보기]가 되어야 한다.

例)「医は仁術なり」と言われるように、医者たる者は他人の痛みを自分の痛みとして感じなければならない。

「의술은 사람을 구하는 인술이다」라고 일컬어지듯이, 의사라는 자(사람)은 타인의 통증을 자신의 통증으로 느껴야 한다.

例)「子供は環境の産物」だから、
親たる者はできるだけ良い環境を作ってやるべきだ。

「아이들은 환경의 산물」이니까, 부모라는 자[사람]은 가능한 한 좋은 환경을 만들어 주어야 한다.

例) 私利を貪る人には政治家たる資格はない。

사리(개인적인 이익)을 탐하는 사람에게는 정치가 될 자격은 없다.

「~하기도 하고 ~하기도 하고」

038 ~つ ~つ

【~하거나 ~하거나, ~하기도 하고 ~하기도 하고】

접속　동사-ます형+つ　동사-ます형+つ

핵심　반대의 의미를 갖는 동사나 능동과 수동형의 ます형을 열거하여,「양쪽의 동작이 번갈아 행해지는 것」을 나타낸다. 관용구적인 표현으로 사용되는 동사는 한정되어 있다.
＊ 이 문형은【~たり ~たり】와 거의 같은 뜻을 나타내는데,【~つ ~つ】는 동일 장면 같은 시간대에 일어나는 일을 나타내는 것이 특징이다.

例) さっきから変な男の人が、店の前を行きつ戻りつしている。
いったい何をしているんだろう。

아까부터 수상한 남자가 가게 앞을 왔다 갔다 하고 있다. 도대체 뭐하고 있는 걸까?

例) 二人のランナーは最後まで抜きつ抜かれつの大接戦を演じた。

두 선수는 마지막까지 앞서거니 뒤지거니 대접전을 벌였다.

例) ラッシュアワー時間帯の電車はすごい人で押しつ押されつ、
やっとのことで降りることができた。

러시아워 시간대의 전철은 사람이 너무 많아서, 밀치거니 밀리거니 겨우 내릴 수 있었다.

例) 竹馬の友と、差しつ差されつ夜が更けるまでお酒を飲んだ。

죽마고우와 주거니 받거니 하며 밤이 깊도록 술을 마셨다.

例) 彼女はコートをためつすがめつして、買おうかどうしようか迷っていた。

〈ためつすがめつ ： 여러 각도로 잘 살펴보는 모양〉

그녀는 코트를 이리 보고 저리 보며, 살지 말지 망설이고 있었다.

＊ 人生って泣いたり(×つ)笑ったり(×つ)、いろいろあるものだ。

인생이란 (때로는) 울기도 하고 (때로는) 웃기도 하고, 여러 일이 있는 법이다[있게 마련이다].

〈동일 장면 같은 시간대×〉

「~한 채」

039 ~っ放し

① 【~한 채】〈계속〉
② 【~한 채】〈방치〉

접속 동사-ます형

핵심 ① 자동사에 접속하여, 「~한 채, 변화 없이 그 상태가 쭉 이어진다」는 《계속》의 의미를 나타낸다. 그 상태에 대한 화자의 불만이나 비난의 감정을 나타내는 표현이므로, 뒤에는 주로 마이너스적인 표현이 온다.

② 타동사에 접속하여, 「~한 채, 그 후에 당연히 해야 할 일을 하지 않고 그대로 방치하고 있다」라는 《방치》의 의미를 나타낸다. 그 상태에 대한 화자의 불만이나 비난의 감정을 나타내는 표현이므로, 뒤에는 주로 마이너스적인 표현이 온다.

例) 今のコーヒーショップのアルバイトは、ずっと立ちっ放しの仕事なので、足の裏と腰が痛いです。

지금 하고 있는 커피숍 아르바이트는 계속 선 채[서서] 하는 일이라, 발바닥과 허리가 아픕니다. 〈계속〉

例) 座りっ放しの生活は、煙草を吸うのと同じぐらい、心臓病のリスクを高めてしまうそうです。

계속 앉은 채[앉아서] 생활하는 것은, 담배를 피우는 것과 같은 정도로, 심장병의 위험성을 높인다고 합니다. 〈계속〉

例) 昨夜は窓を開けっ放しで寝ていたので、12時半ぐらいに寒くて目が覚めた。

어젯밤에는 창문을 열어둔 채 자서 12시 반 정도에 추워서 잠이 깼다. 〈방치〉

例) 電気をつけっ放しにして、出かけてはいけない。

전기를 켜 둔 채 외출하면 안 된다. 〈방치〉

例) 歯を磨く時、水を出しっ放しにしないで、必ず蛇口を締めること。

양치질을 할 때, 물을 틀어 놓은 채 두지[방치하지] 말고 반드시 수도꼭지를 잠글 것. 〈방치〉

「~하고 나서, ~한 뒤로」

040 ~てからというもの

【~하고 나서, ~한 뒤로, ~하고부터】 (쭉)】

접속 동사-て형

핵심 어떤 일을 계기로 행동과 생각, 사물의 상태에 커다란 변화가 있었던 것을 말할 때 사용하며, 《~하고 나서 (현재까지) 쭉》이라는 의미를 나타내는 강조표현이다. 변화에 대한 놀라움·감동·감탄 등의 「감정」이 내포되어 있는 표현이다.

  * 반면, 유사표현인【~て以来 ~한 이래 (현재까지) 쭉】는 「객관적」이고 「무감정적」인 표현이다.

例) スイミングを始めてからというもの、冬でも風邪を引かなくなった。
　　수영을 시작한 이후로 겨울에도 감기에 걸리지 않게 되었다. 〈현재도〉

例) 禁煙してからというもの、寝付きは良いし朝も目覚ましが鳴る前にすんなり起きれるようになった。
　　금연한 이후로 잠은 쉽게 들고 아침에도 자명종이 울리기 전에 수월하게 일어날 수 있게 되었다. 〈현재도〉

例) 私も娘が生まれてからというもの、非常に涙もろくなりました。
　　저도 딸이 태어난 이후로 상당히 눈물[인정]이 많아졌습니다. 〈지금도〉

例) 君に出会ってからというもの、僕の心は千千に乱れ、何も手に付かない状態になってしまった。
　　너를 만난 이후로, 내 마음은 천 갈래 만 갈래로[산산이] 흐트러져, 아무 일도 손에 잡히지 않는 상태가 되어 버렸다. 〈지금도〉

「~해야 마땅하다, ~하는 것이 당연하다」

041 ~てしかるべきだ

【~하는 것이 당연하다, ~해야 마땅하다】

접속　동사-て형 / い형용사-て형 / な형용사-て형
핵심　「然る(그렇다, 맞다)」라는 연체사에서 파생된 문형으로, 【~てしかるべきだ】는 「~하는 것이 당연하다[마땅하다], ~하는 것이 적당하다」라는 의미를 나타낸다. 예스러운 표현으로, 공식적인 정중한 자리에서만 사용한다. 보통 회화에서는 【当然だ / 当たり前だ】를 사용하면 된다.

例) 悪いことをしたら、謝ってしかるべきだ。(= 当然だ / 当たり前だ)
　　잘못하면 사과하는 것이 당연하다[사과해야 마땅하다].

例) 不祥事を起こしたんだから、責任者から一言謝罪があってしかるべきだ。
불상사를 일으켰으니, 책임자로부터 한마디 사죄가 있어야 마땅하다.

例)「自業自得」とも言われるように、自分で蒔いた種は、自分で刈り取ってしかるべきだ。
「자업자득」이라고도 하듯이, 자신이 뿌린 씨는 자신이 거두는 것이 당연하다[거둬야 한다].

例) 彼らの業績は、もっと高く評価されてしかるべきだ。
그들의 업적은 더 높이 평가되어야 마땅하다.

「~이 아니라 무엇이란 말인가」

042 (これが)~でなくて何だろう

【(이것이) ~이 아니라 무엇이란 말인가, (이것이야말로) 바로 ~이다】

접속 (추상) 명사

핵심 한탄·탄식·분노·감동·감탄 등의 대상을 제시해서, 「~야말로 바로 ~이다」「이것이야말로 바로 ~이다」라고 반어적으로 강조하는 강한《단정》표현이다. 회화에서는 그다지 사용되지 않으며, 소설이나 수필 등에서 쓰이는 문어체이다. 비슷한 표현으로 【~にほかならない(바로 ~이다)】〈N2문형〉가 있는데, 【~でなくて何だろう】가 보다 더 화자의 감탄·감동·한탄·탄식·분노 등의 〈감정〉이 들어 있는 것이 특징이다.

例) 戦争で多くの人が犠牲になるなんて、これが悲劇でなくてなんだろう。
전쟁으로 많은 사람이 희생되다니, 이것이 비극이 아니라 무엇이란 말인가
[이것이야말로 바로 비극이다].

例) こんなに何回も出会うなんて、これが運命でなくてなんだろう。
이렇게 몇 번이나 만나다니, 이게 운명이 아니라 무엇이란 말인가[이것이야말로 바로 운명이다].

例) 彼女のことで頭がいっぱいだ。ああ!これが愛でなくてなんだろう。
그녀에 관한 일로 머리가 가득 차 있다. 아아! 이게 사랑이 아니고 뭐겠어[이것이야말로 바로 사랑이야].

例) 人生(じんせい)は「矢(や)の如(ごと)し」、これが一炊(いっすい)の夢(ゆめ)でなくてなんだろう。

인생은 「화살과도 같다」, 이게 일장춘몽이 아니라 무엇이란 말인가 [이것이야말로 바로 일장춘몽이다].

「~도 아니고 (말이야)」

043 ~では[じゃ]あるまいし / ~でもあるまいし

【~도 아니고 (말이야), ~도 아닌데 (말이야)】

접속 명사 / 동사-기본형·과거형+の(또는 ん)

핵심 《Aでは(じゃ) / Aでもあるまいし》는 「(A라면 이해할 수 있지만) 실제는 A가 아니기 때문에」라고 상대의 불안이나 염려를 당연히 부정하는 《이유》 표현으로, 「지나치게 생각한 거다, 그런 식으로 보는 것은 이상하다」라고 말하고 싶을 때 사용한다. 후건에는 화자의 〈판단·주장〉, 상대방에 대한 〈조언·충고〉 등이 오는 경우가 많다. 지금도 구어에서 쓰이는 예스러운 느낌의 회화체적인 표현으로, 공식적인 문장에는 사용하지 않는다.

✐ まい: ~하지 않겠다, ~하지 않을 작정이다, ~않으리라.《부정의 의지》 /
~않겠지, ~않을 것이다.《부정의 추측》〈조동사〉

例) もう小(ちい)さい子供(こども)じゃあるまいし、そんなに心配(しんぱい)しないでよ。

이제 작은 애도 아니고 (말이야), 그렇게 걱정하지마. 〈판단·주장〉

例) 私(わたし)は神様(かみさま)じゃあるまいし、明日(あした)雨(あめ)が降(ふ)るかどうか分(わ)かるはずがないでしょう。

제가 신도 아니고 (말이야죠), 내일 비가 내릴지 어떨지 알 수 있을 리가 없죠. 〈판단·주장〉

例) 初(はじ)めてでもあるまいし、肩(かた)の力(ちから)を抜(ぬ)いて余裕(よゆう)を持(も)ってやったら?

처음도 아니고 (말이야), 어깨 힘을 빼고 여유를 갖고 하는 게 어때? 〈조언·충고〉

例) 外国語(がいこくご)で書(か)くのじゃあるまいし、母国語(ぼこくご)で書(か)けば良(よ)いんだから、注意事項(ちゅういじこう)をよく読(よ)んでから作成(さくせい)すれば問題(もんだい)ないでしょう。

외국어로 쓰는 것도 아니고 (말이야), 모국어로 쓰면 되니까 주의사항을 잘 읽고 나서 작성하면 문제 없겠죠. 〈조언·충고〉

「~라면 몰라도」 시리즈

~なら[は]いざ知らず

【~라면[은] 몰라도, ~라면[은] 모르겠는데, ~라면[은] 모르지만, ~라면[은] 모를까】

접속 명사(구) / い형용사-보통형(+の) / 동사-보통형(+の)

핵심 A(주로 극단적이거나 특별한 예), B에 대립적인 사항을 들어, 「A라면[는] 어떨지 모르도, B이기 때문에~」, 「A의 경우라면[는] 가능할지 모르지만, B이기 때문에~」라는 의미를 나타낸다. 「B의 경우는 ~다」라는 것을 강조해서 말하고 싶을 때 사용하는 표현이다. 「なら」는 「君はできる → 君ならできる」처럼 강한 「は」에 상당하는 용법이기 때문에 「~ならいざ知らず」가 「~はいざ知らず」보다 강한 어조이다.

✎ いざ: 글쎄 어떨는지. 〈부〉

例) 子供ならいざ知らず、大の大人がそんなことをするなんて!
애라면 몰라도, 다 큰 어른이 그런 짓을 하다니!

例) 新入社員ならいざ知らず、
ベテランである君がこんなミスをするとは信じられない。
신입사원이라면 몰라도, 베테랑인 자네가 이런 실수를 하다니 믿을 수 없다.

例) 仙人ならいざしらず、生身の人間は霞だけ食って生きてはいけない。
신선이라면 모르지만, 살아 있는 인간은 안개만 먹고 살아갈 수는 없다(수입도 없이 살아갈 수는 없다).

～ならまだしも

【~라면 몰라도, ~라면 아직 괜찮지만】

접속 명사(구) / い형용사-보통형(+の) / 동사-보통형(+の)

핵심 「(충분하다고는 말할 수 없지만) ~라면 아직 괜찮다 / ~라면 아직 생각할 수 있다」라는 의미를 가진다. A, B에 대립적인 사항을 들어, 「A라면 용인할 수 있지만, B라면 용인할 수 없다」「A라면 ~도 가능하지만, B라면 ~는 어렵다」라는 의미를 나타낸다.

✐ まだしも : 그런대로 (괜찮지만), 그래도 (그 편이 낫지만), (~면) 또 모르되. 〈부〉

例) 5万円ならまだしも、この広さで、月7万円の家賃は高すぎると思います。
5만 엔이라면 몰라도[아직 괜찮지만], 이 크기에 한 달 방값 7만 엔은 너무 비싸다고 생각합니다.

例) 日本語ならまだしも、英語で宇宙、太陽系について学ぶというのは、大変なことだ。
일본어라면 몰라도[괜찮지만], 영어로 우주와 태양계에 대해서 배운다는 것은 힘든 일이다.

例) 冗談まじりならまだしも、彼女の話にはいつも刺がある。
농담조라면 몰라도[괜찮지만], 그녀의 얘기에는 언제나 가시가 있다.

例) 寒い駅のホームで30分ならまだしも、1時間以上は待てません。
추운 역 홈에서 30분이라면 몰라도[아직 괜찮지만], 1시간 이상은 기다릴 수 없습니다.

05 연습문제

問題5．次の文の（　）に入れるのに最もよいものを、1、2、3、4から一つ選びなさい。

1 （デパートの食品コーナーで）
「こちらは農薬や化学肥料を（　　　）使用しない有機農法で栽培した体に優しくヘルシーな野菜です。」

1　いっさい　　　　　　2　とても
3　きっと　　　　　　　4　うんと

2 この分野に関する知識のない人が、この専門書を何回も繰り返し読んだところで、（　　　）。

1　もうあきらめてしまった
2　ばっちり理解できた
3　もっと専門分野を勉強してから読んでください
4　理解できるようにはならない

3 干ばつによる水不足で1日2時間給水という厳しい制限の中で、水を1滴（　　）無駄にすることはできない。

1　なりとも　　　　　　2　なりに
3　たりとも　　　　　　4　たる

4 研究者たる者は、（　　　）。

1　長年取り組んできた研究が、ようやく実を結んだ
2　真実を追究する心を失ってはいけない
3　昼夜を問わず研究に没頭しているはずだ
4　日々実験を重ねている

5 両チームは計算されたかのように抜き(　　　)抜かれ(　　　)の大接戦（だいせっせん）を繰り広げた。

1　つ / つ　　　　　　　　2　といい / といい

3　なり / なり　　　　　　4　ようと / まいと

6 「育児や家事はやはり母親がするもので、男性の役割じゃない」と言う人もいるが、子育てや家事をするのが母親で(　　　)、必ずしもそうではないと思う。

1　あるわけにはいかないかというと　　2　なくてはならないからといって

3　なくてはならないかというと　　　　4　あるわけにはいかないからといって

7 スマホを使うようになってからというもの、(　　　)。

1　とても嬉しかったらしい

2　壊れてしまい修理に出した

3　操作が難しいそうだ

4　あまりの便利さに手放（てばな）せなくなった

8 妻：「今週末の旅行、このスーツケースで良いかしら。」

夫：「何週間も海外に(　　　)、何もかも持っていかなくても良いから、もっと小さいので良いよ。」

1　行くわけじゃあるまいし　　　　2　行くもんだっただろうに

3　行くわけだったんだから　　　　4　行くもんじゃないだろうけど

9 いくら風邪引いているからといって、真冬じゃあるまいし(　　　)。

1　早く病院に行って処方（しょほう）してもらった方が良いよ

2　部屋を暖かくして寝るに限る

3　長引いてなかなか治らない

4　こんな厚着（あつぎ）いやだよ

10 人家や人通りが疎らな郊外ならいざ知らず、(　　　)。

　1　女性一人で夜道を歩くのは危ない

　2　ちょうど通りかかった地元の人に道を聞いた

　3　その代わりに、緑豊かで、水も空気も澄んでいて住みやすい

　4　こんな都会のど真ん中にタヌキがすんでいるなんて

問題6. 次の文の ___★___ に入る最もよいものを、1、2、3、4から一つ選びなさい。

11 福島の原発事故は ＿＿＿ ＿＿＿ ★ ＿＿＿ 影響が及んでいるという。

　1　日本　　　　　　　2　ただ

　3　のみならず　　　　4　海外にまで

12 ゲームしか知らないこの小さな子に、こんな高価な ＿＿＿ ★ ＿＿＿ ＿＿＿ に真珠だよ。

　1　ところで　　　　　2　豚

　3　スマホを　　　　　4　買ってやった

13 パイロットは大勢の尊い命を預かっているという重要な任務があるため、＿＿＿ ＿＿＿ ★ ＿＿＿ ができません。

　1　油断　　　　　　　2　たりとも

　3　操縦中は　　　　　4　一瞬

14 一国の ＿＿＿ ★ ＿＿＿ ＿＿＿ ことに配慮して発言し、行動しなければならない。

　1　者　　　　　　　　2　あらゆる

　3　たる　　　　　　　4　リーダー

15 恋人たちは浜辺を＿＿＿ ＿＿＿ ★ ＿＿＿ 語り合った。

　　1 戻りつ　　　　　2 しながら
　　3 行きつ　　　　　4 愛を

16 使った物は＿＿＿ ★ ＿＿＿ ＿＿＿ に戻しておきなさい。

　　1 元の所　　　　　2 せずに
　　3 っぱなしに　　　4 出し

17 状況が変わったのだから、＿＿＿ ★ ＿＿＿ べきだ。

　　1 経営計画も　　　2 見直されて
　　3 会社の　　　　　4 しかる

18 自国の「正義」を他国に押し付けるような武力＿＿＿ ＿＿＿ ★ ＿＿＿ だろう。

　　1 なん　　　　　　2 覇権主義
　　3 でなくて　　　　4 行為が

19 海外旅行に行くんじゃ＿＿＿ ★ ＿＿＿ いく必要はないでしょう。

　　1 持って　　　　　2 何もかも
　　3 あるまいし　　　4 そんなに

20 素直に謝る＿＿＿ ＿＿＿ ★ ＿＿＿ にして開き直っている。

　　1 逆に　　　　　　2 なら
　　3 まだしも　　　　4 人の責任

問題7．次の文章を読んで、21 から 25 の中に入る最もよいものを、1・2・3・4から一つ選びなさい。

騙される経験は、学校では教えてくれません。

だから私たちは、人生のどこかで 21 。学校で教えてくれないので、免疫力(注1)がないのです。場合によっては、大きな痛手(注2)を負うこともあります。経験だけ 22 、大きな金額を失う人もいるでしょう。

学校では学ばない勉強だ 23 、その免疫力の低さも著しいのです。

ないほうがいい騙される経験ですが、誰もが一度は通る関門です。

そういうときには、損をした経験を「いい勉強ができた」と言い換えましょう。騙された経験は、 24 (a)だと思えばいいのです。終わったことは仕方ありません。

しかし、数少ない経験だからこそ、しっかり教訓を得てください。

騙された金額は、 24 (b)だと考えればいいのです。そう考えるしかありません。

25 受け入れた時、人生では本当の損はなくなります。

騙された経験は、全てプラスに転化されるのです。学校では教えてくれない勉強を学ぶ機会になるのです。

(注1) 免疫力：体内に入ったウイルスや細菌などから自分自身の体を守る力。
(注2) 痛手：ひどい打撃・損害。

21　1 必ず一度は騙されます　　2 教えてもらった方が良いです
　　3 学ぼうとするのです　　　4 詐欺を働いてしまうのです

22　1 ならでは　　　　　　　　2 たりとも
　　3 ならまだしも　　　　　　4 なりとも

23 1 からといって   2 からには
       3 からして   4 からこそ

24 1 (a) 予防接種 / (b) 治療費
       2 (a) セミナー / (b) 授業料
       3 (a) オレオレ詐欺 / (b) もう取り戻せないお金
       4 (a) 運命 / (b) 借金

25 1 この詐欺を   2 あれのように
       3 そういうふうに 4 その金額を

PART 5. 정답

問題5	1	1	2	4	3	3	4	2	5	1
	6	3	7	4	8	1	9	4	10	4
問題6	11	2134	12	3412	13	3421	14	4312	15	3124
	16	4321	17	3124	18	4231	19	3421	20	2314
問題7	21	1	22	3	23	4	24	2	25	3

PART 6

> 「~해서는 견딜[참을] 수 없다」

044 | ~て(は)敵(かな)わない

【~해서(는) 견딜 수 없다, ~해서(는) 참을 수 없다, ~할 수 없다, 너무 ~하다】

접속 동사-て형 / い형용사-て형 / な형용사-て형 / 명사-て형

핵심 「너무 심해서 그러한 상황·상태를 견딜 수 없다(참을 수 없다, 곤란하다)」라는 의미로, 현시점에서의 불평이나 불만을 말할 때 사용하는 표현이다. 「こう·こんなに」 등의 말과 함께 쓰여 현재의 상태를 말하는 경우가 많다. 허물없는 사이의 대화에서는 「ては」는 「ちゃ」로, 「では」는 「じゃ」로 변한다.

- 敵(かな)う : 대항할 수 있다, 필적하다. 〈자〉
- 敵(かな)わない : 이길 수 없다, 적수가 못되다, 못 당하다 / 견딜 수 없다, 참을 수 없다.

例) 辛(から)いものが嫌(きら)いではないけど、こんなに辛(から)くてはかなわない。
매운 것을 싫어하는 건 아니지만, 이렇게 매워서는[매우면] 견딜 수 없다[먹을 수 없다].

例) 上(うえ)の階(かい)の子供(こども)の走(はし)り回(まわ)る音(おと)がうるさくてかなわない。
위층 아이의 뛰어다니는 소리가 시끄러워서 견딜[참을] 수 없다.

例) いくら冬(ふゆ)が好(す)きだと言(い)っても、毎日(まいにち)こう寒(さむ)くちゃかなわない。
아무리 겨울을 좋아한다고 해도, 매일 이렇게 추워서는[추우면] 견딜 수 없다[살 수가 없다].

例) 毎日毎日(まいにちまいにち)、こんなに厳(きび)しい練習(れんしゅう)ばかりじゃかないませんよ。たまには休(やす)みたいです。
매일매일 이렇게 혹독한 연습만 해서는 견딜[버틸] 수 없습니다. 가끔은 쉬고 싶습니다.

「주저하지[꺼리지] 않고 ~하다」

045 ～てはばからない

【~하기를 주저하지[꺼리지] 않는다, 주저하지[꺼리지] 않고 ~하다】

접속 동사-て형
핵심 「조금의 거리낌도 없이 ~하다」라는 의미를 나타내는 표현으로, 거리낌 없이 당당하게 행동하거나 말하는 경우에 사용한다.
   ✎ はばかる : 꺼리다, 거리끼다, 주저하다, 삼가다, 사양하다. 〈타〉

例) 彼は周りの人に迷惑をかけてはばからない。
   그는 주저하지 않고[아무렇지도 않게] 주위 사람에게 폐를 끼친다.

例) あの画家は自分の作品を傑作中の傑作だと言ってはばからない。
   그 화가는 주저하지 않고 자신의 작품을 걸작 중의 걸작이라고 말한다.

例) 彼は「俺こそ世界最強の格闘家だ」と断言してはばからない。
   그는 「나야말로 세계 최강의 격투기 선수다」라고 거리낌 없이 단언하다.

「~해서라도 / ~해서까지」

046 ～てでも

【~해서라도】

접속 동사-て형
핵심 어떤 일을 하고 싶다는 강한 욕구나 희망(후건)을 실현하기 위해서는 극단적인 수단을 취하는 것도 주저하지 않는다고 하는 《강한 결의》를 나타내는 표현이다. 후건에는 보통 하고 싶은 일이나 희망 등을 나타내는 문장이 오기 때문에, 「~たい」가 등장하는 경우가 많다.

例) 私が歌手になるのを父は反対している。
　　しかし、私は父と縁を切ってでも歌手になりたい。

내가 가수가 되는 것을 아버지는 반대하고 있다.
하지만 나는 아버지와 연을 끊고라도 가수가 되고 싶다.

例) 駆け落ちしてでも、私は彼女と結婚したい。

같이 도망쳐서라도[사랑의 도피를 해서라도], 나는 그녀와 결혼하고 싶다.

例) 風邪でしんどいが、今日は大事な試験がある日なので、
　　這ってでも行くつもりだ。

감기에 걸려서 힘들지만, 오늘은 중요한 시험이 있는 날이기 때문에, 기어서라도 갈 작정이다.

例) 『若い時の苦労は買ってでもしろ』 <ことわざ>

『젊어서 고생은 사서도 한다』〈속담〉

～てまで

【～해서까지】

접속 동사-て형

핵심 극단적인 상황에서, 「이런 정도까지 해서」라고 감정을 실어서 말할 때 사용하는 표현으로, 보통 생각하는 한도를 넘어선 단계를 나타낸다. 뒤에는 사람의 의지·주장·판단·평가 등을 나타내는 문장이 주로 온다.

例) 美しい自然を破壊してまで、道路を造る必要があるのだろうか。

아름다운 자연을 파괴하면서까지 도로를 만들 필요가 있는 걸까.

例) 君は友達を踏み台にしてまで出世したいのか?

자네는 친구를 누르면서까지[발판으로 삼아서까지] 출세하고 싶은가?

例) 新しい車は欲しいが、借金をしてまで新車に買い換えようとは思わない。

새 차는 갖고 싶지만, 빚을 져서까지[빚까지 지면서] 새 차로 바꾸려고는 생각지 않는다.

> マスターコーナー

* 整形手術をしてでも、美しくなりたい。
  성형수술을 해서라도 예뻐지고 싶다.

* 整形手術をしてまで、美しくなりたいとは思いません。
  성형수술을 해서까지 예뻐지고 싶은 생각은 없습니다.

「~해도 지장이 없다」

047 ~ても差し支えない

【~해도 지장이 없다, ~해도 상관없다, ~해도 문제없다, ~해도 괜찮다】

접속 명사-て형 / な형용사-て형 / い형용사-て형 / 동사-て형

핵심 주위의 사정·상식·규칙 등을 생각해 봤을 때 「~해도 지장·문제는 없을 것이다」라고, 《허가·허용》을 나타내는 격식 차린 표현이다. 「~てもいい·~てもかまわない」와 비슷한 의미이지만, 「~てもさしつかえない」는 소극적으로 허용하는 듯한 어감을 가지고 있다. 또, 정중하게 허가를 구할 때 사용하는 정중한 질문의 표현이기도 하다.

- 差し支える : 지장이 있다, 지장을 주다. 〈자〉
- 差し支え : 지장. 〈명〉

例)「薬による影響は全くない」と言っても差し支えない。
「약에 의한 영향은 전혀 없다」고 해도 지장[문제]없다.

例) 患者 : 来週から運動を始めても良いですか。
    医者 : 軽い散歩ぐらいならしてもさしつかえありません。

환자 : 다음 주부터 운동을 시작해도 됩니까?
의사 : 가벼운 산책 정도라면 해도 상관없습니다.

例) 捺印の代わりに、サインでも差し支えありません。
날인 대신에 사인이어도 지장이 없습니다[상관·문제없습니다].

例) A: このアルバム、見てもさしつかえないですか。
　　B: ええ、どうぞ。
　　A: 이 앨범 봐도 됩니까?
　　B: 예, 보세요.

「~해 마지않다, 어디까지나 ~하다」

048 | ~てやまない

【~해 마지않다, 계속[쭉, 어디까지나] ~하다, 진심으로 ~하다】

접속　동사-て형

핵심　「계속(쭉, 영원히) ~하고 있다」「진심으로 ~하다」라는 의미를 나타낸다. 상대방에 대한 기원이나 바람 등의 감정이 강하게 계속되고 있을 때 사용하는 문장체 표현이다. 화자의 기분을 나타내는 표현이므로, 3인칭 문장에는 거의 사용하지 않는다. 앞에 붙는 동사는「願う(바라다, 기원하다)·祈る(빌다, 기도하다, 기원하다)·愛する(사랑하다)·信じる(믿다)·期待する(기대하다)」등 한정되어 있다.

- 止む: 그치다. 〈자〉
- 止まない: 그치지 않다, 마지않다.

例) ご結婚おめでとうございます。お二人の末永い幸福を願ってやみません。
결혼 축하합니다. 두 사람의 영원한 행복을 기원해 마지않습니다.

例) 一日も早いご回復を心から祈ってやみません。
하루라도 빨리 회복하시길 진심으로 기원해 마지않겠습니다.

例) 皆さんのこれからのご活躍を期待してやみません。
여러분들의 앞으로의 활약을 기대해 마지않습니다.

例) この曲を愛してやまないファンは多くいます。

이 곡을 사랑해 마지않는[진심으로 사랑하는] 팬은 많습니다.

例) サンタクロースの存在を信じてやまない純粋な子供達が多い。

산타클로스의 존재를 믿어 마지않는[진심으로 믿는] 순수한 아이들이 많다.

「~과 더불어」

049 ~と相まって

【~과 더불어, ~과 어우러져, ~과 합쳐져, ~와 맞물려】

접속 명사

핵심 【AとB(と)が相まって / AがBと相まって】의 꼴로, 「A와 B가 하나가 되어서 / A가 B와 하나가 되어서」「A와 B가 상호 결합된 결과 / A가 B와 상호 결합된 결과」라는 뜻으로, 어떤 사항(A)에 다른 어느 사항(B)가 더해져 효과를 얻어《더욱더 큰 하나의 경향이나 특징(C)를 낳는다》라는 의미를 나타내는 표현이다. 후건에는 주로 좋은 결과가 온다.

✎ 相まって : 서로 어울려서, 서로 힘입어서, 서로 작용하여, 더불어. 〈부사〉

例) 彼女の持って生まれた素質は、人一倍の努力と相まって、見事に花を咲かせた。

그녀의 타고난 소질은, 남보다 갑절의[남다른] 노력과 어우러져 훌륭하게 꽃을 피웠다.

例) 実力と運とが相まって、一流大学に合格した。

실력과 운이 어우러져[더불어] 일류대학에 합격했다.

例) 彼女の美しい歌声が後ろの演奏と相まって、素晴らしいハーモニーを醸し出した。

그녀의 아름다운 가성이 뒤의 연주와 어우러져[더불어], 훌륭한 하모니[조화]를 자아냈다.

例) ここ数年の干ばつは内戦の激化と相まって、多くの難民を生んだ。

최근 몇 년의 가뭄은 내전의 격화와 맞물려[겹쳐] 많은 난민을 낳았다.

「~도 ~도, ~이며 ~이며」 시리즈

050 ~といい ~といい

【~도 ~도, ~이며 ~이며, ~도 그렇고 ~도 그렇고, ~으로 보나 ~으로 보나】
〈A, B 두 개에 중점〉

접속 명사

핵심 【AといいBといい】의 형태로, 어떤 사항에 대해서 특별히 거론한 《A, B 두 가지에 중점》을 두어 강조해서 말하는 표현으로, 「A, B의 어떤 점에서 보더라도 ~이다」라고 화자가 평가나 판단한 것을 강조하여 말하는 표현이다.

例) 手といい足といい、息子は泥だらけになって帰ってきた。
손이며 발이며, 아들은 진흙투성이가 되어 돌아왔다. 〈손과 발〉

例) このワンピースは、デザインといい色といい、彼女の雰囲気にぴったりだ。
이 원피스는 디자인으로 보나 색으로 보나, 그녀의 분위기에 딱 어울린다. 〈디자인과 색〉

例) 彼は、頭の良さといい判断力といい、リーダーとして相応しい人物だ。
그는 머리 좋은 것으로 보나 판단력으로 보나, 리더로서 적합한 인물이다. 〈머리 좋은 것과 판단력〉

～といわず ～といわず

【～도 ～도, ～이며 ～이며, ～도 그렇고 ～도 그렇고 (할 것 없이 전부)】
〈A, B를 포함한 전체에 중점〉

접속 명사

핵심 【AといわずBといわず】의 형태로, 어떤 사항에 대해서 특별히 거론한 A, B 두 가지뿐만 아니라 《A, B를 포함한 그것과 관련된 전체에 중점》을 두어 강조해서 말하는 표현으로, 「～도 ～도 구별 없이 어디라도(언제라도, 어느 것이라도, 모두, 전부)」라고 화자가 평가나 판단한 것을 강조하여 말하는 표현이다.

例) 手といわず足といわず、体中を蚊に刺された。
　　손발 할 것 없이 몸 전체를 모기에 물렸다. 〈손발을 포함한 몸 전체〉

例) 彼は、ビールといわず焼酎といわず、酒には目がない。
　　그는 맥주며 소주며 할 것 없이 술이라면 사족을 못쓴다. 〈맥주와 소주를 포함한 모든 술〉

例) 娘の部屋は机の上といわず下といわず、ゴミだらけで足の踏み場もない。
　　딸의 방은 책상 위아래 할 것 없이 쓰레기투성이어서 발 디딜 곳도 없다.
　　〈책상 위아래를 포함한 방 전체〉

例) 昼といわず夜といわず、為替相場は時々刻々と変わっている。
　　밤낮 할 것 없이, 환시세는 시시각각으로 변하고 있다. 〈밤과 낮을 포함한 24시간〉

マスターコーナー

＊手といい足といい引っ掻き傷だらけだった。
　온 손발이 할퀸[긁힌] 상처투성이었다. 〈손과 발〉

＊手といわず足といわず引っ掻き傷だらけだった。
　손발뿐 아니라 온몸이 할퀸[긁힌] 상처투성이었다. 〈손발을 포함한 몸 전체〉

「~정도이다」

051 ~というところだ / ~といったところだ

【(기껏해야, 잘해야) ~라고 하는 정도이다, ~정도이다, ~다】

접속 명사

핵심 그리 많지 않다고 생각할 수 있는 수량이나, 가볍게 느껴지는 말에 접속하여 「기껏해야 ~다, 아무리 좋아도 ~다, ~이상은 아니다」라고 자기의 《상황판단》이나 《평가》를 말하고자 할 때 사용하는 표현이다. 구어체로는 「~ってところだ」가 많이 사용된다.

✎ ところ : 《수량이나 정도를 나타내는 말에 이어져》 정도, 범위, 쯤. 〈형식명사〉

例) 今日の参加人数は、多くて[せいぜい]１００人といったところです。
오늘 참가자 수는 많아야[기껏해야, 잘해야] 100명 정도입니다.

例) 大卒新入社員の初任給は手取りで１８万円といったところだ。
대졸 신입사원이 받는 초봉은, 세금을 제하고 (기껏해야, 잘해야) 실수령액 18만 엔 정도이다.

例) 僕の一日の平均睡眠時間は、だいたい５時間といったところです。
저의 하루 평균 수면시간은, (많아야, 기껏해야) 대략 5시간 정도입니다.

例) 私が作れる料理は、玉子焼き、お握りというところです。
제가 할 줄 아는 요리는, (기껏해야) 달걀부침[계란말이], 주먹밥 정도예요.

「~(으)로 말할 것 같으면, ~은, ~는」

052 ~ときたら

【~은, ~는, ~(으)로 말할 것 같으면】

접속 명사

핵심 「~에 대해서 말하면」이라는 의미로, 화제를 거론하는 「~は」와 비슷한 기능을 한다. 《상대방(사람, 사물)에 대한 비난·불만·분노》나 《자신에 대한 자조》 등의 감정을 강조하는 표현으로, 후건에는 마이너스적인 평가(부정적·비난·불만·분노·자조)가 오는 경우가 대부분이다.

例) うちの息子ときたら、毎日スマホばかり弄ってて本当に困ります。
　　우리 아들은[아들로 말할 것 같으면], 매일 스마트폰만 만지작거려서 정말 곤란합니다.

例) 隣の夫婦ときたら、毎日夜中まで喧嘩してるのよ。
　　옆집 부부는[부부로 말할 것 같으면], 매일 한밤중까지 싸우고 있어.

例) 最近のテレビ番組ときたら、どのチャンネルを回しても、毎日同じような内容ばかりでマンネリ化している。
　　요즘 TV프로는[TV프로로 말할 것 같으면], 어느 채널을 돌려도, 매일 똑같은 내용뿐이며 매너리즘화[천편일률화]되어 있다.

例) このパソコンときたら、よく故障する。買い替えた方が良いと思う。
　　이 컴퓨터는[컴퓨터로 말할 것 같으면] 자주 고장난다. 새로 사는 편이 나을 것 같다.

例) あ~あ、俺ときたら、どうしてこんなに間抜けなんだろう。
　　아아, 난 왜 이렇게 멍청이지[얼간이지]. 〈자신에 대한 자조〉

「~라고 해도, ~라고 한들」

053 | ~としたところで / としたって / としても
~にしたところで / にしたって / にしても

【(설령, 가령) ~라고 해도, ~라고 할지라도, ~라고 한들】

접속 명사-보통형 / な형용사-보통형 / い형용사-보통형 / 동사-보통형
(단, 명사와 な형용사는 「だ」가 붙지 않는 경우가 많다)

핵심 「(설령 / 가령) ~라고 해도, ~라고 할지라도」라는 의미로, 전건의 내용이 성립되어도(가정), 「화자의 생각·입장·사정에는 변화가 없다, 기대나 예상대로 되지 않는다」(역접)라는 의미를 나타내는 《역접의 가정》표현이다. 전건의 내용에 대해서 후건에는 소극적·부정적인 내용(역접)을 서술하는 경우가 많다. 「たとえ·仮(かり)に(가령)」등의 말과 함께 사용하는 경우가 많다.

✐【~たところで】: ~한 들[해 보았자] (~않는다). 〈No 35〉

例) たとえ経済大国日本としたところで、援助できることは限られている。
가령 경제대국 일본이라고 해도, 원조할 수 있는 것은 한정되어 있다.

例) 彼の提案には賛成できない。
もっとも、私にしたところで何か名案があるわけではないが。
그의 제안에는 찬성할 수 없다. 하기는[그렇다고 해서] 나라고 한들 무언가 명안이 있는 것은 아니지만.

例) 仮ににっちもさっちも行かなくなり、俺に泣きついてどうにかしてくれと頼んだとしても、俺は知らないよ。
가령 이러지도 저러지도[빼도 박도] 못 하게 되어, 나에게 울며 매달리며 어떻게든 해달라고 부탁해도 나는 몰라.

例) こんなに違法駐車が多くては、
仮に警察としたって取り締まりの方法がないだろう。
이렇게 불법주차가 많아서는, 가령 경찰이라 한들 단속할 방법이 없을 것이다.

「~란, 은, 는 / ~하다니, 라니」

054 ～とは

① 【~란, ~라는 것은, ~은, ~는】〈정의〉
② 【~하다니, ~라니】〈놀람〉

접속 ① 명사
② 명사(だ) / な형용사-어간·기본형 / い형용사-기본형 / 동사-기본형

핵심 ① 어떤 명사의 《의미나 정의》에 대해 말할 때 사용하는 표현이며, 「~とは、‥ことだ / ものだ / という意味だ」라는 형태를 취하는 경우가 많다. 【というのは】와 의미, 용법은 같지만, 【とは】쪽이 문어체적인 표현이다. 허물없는 사이의 대화에서는 「って」로 쓰인다.
② 예상치 못했던 의외의 사실을 보거나 들었을 때의 《놀람이나 감탄》을 말할 때 사용하는 표현이다. 전건에서는 알게 된 사실을 말하고, 후건에는 놀람이나 감탄 등을 나타낸다. 회화체에서는 「なんて」가 사용된다.

例) 「手紙」とは、中国語では日本語の手紙ではなく「トイレットペーパー」という意味だ。
「手紙」란[는] 중국어로는 일본어의 편지라는 뜻이 아니라, 「화장지」라는 의미이다.

例) 「季語」とは、俳句の中で、その季節を表わす言葉として用いられるものです。
「계어」란, 俳句(하이쿠)에서 그 계절을 나타내는 말로써 사용되는 것입니다.

例) ねえ、「WTO」って何？
있잖아, 「WTO」라는 게 뭐야?

例) 彼女がこんなに冷たい人だとは、知らなかった。
그녀가 이렇게 냉정한 사람이라니, 미처 몰랐다.

例) 驚いた。大学生でもできない問題を小学生が解いたとは。
깜짝 놀랐다. 대학생도 못 푸는 문제를 초등학생이 풀었다니.

例) あの難しい司法試験に合格するなんて、すごいですね。
그 어려운 사법시험에 합격하다니, 대단하네요.

「(마치) ~라는 듯이」「(곧) ~할 듯이」

055 ~とばかりに / ~と言わんばかりに

【(마치) ~라는 듯이 / (마치) ~라고 말하는 듯이, ~라는 듯이】

접속 명사(だ) / な형용사-어간·기본형 / い형용사-보통형 / 동사-보통형·명령형

핵심 「(실제로는 그렇지 않지만) 마치 ~라는 듯한 모습·태도·표정」이라는 의미를 나타낸다.
다른 사람의 상태를 나타내는 표현이기 때문에, 화자 자신의 상태에는 사용하지 않는다.
뒤에는 주로 강력한 기세나 격렬한 동작을 나타내는 표현이 온다.

例) 酔っ払って帰ってきた彼は、死ねとばかりに(＝と言わんばかりに)、
子犬を蹴り付けた。
곤드레만드레 취해서 돌아온 그는 마치 죽으라는 듯이 강아지를 걷어찼다.

例) 今回の事件を機に、テレビや新聞などの各メディアは
ここぞとばかりに(＝と言わんばかりに)、彼を猛烈に非難した。
이번 사건을 계기로 텔레비전과 신문 등의 각 미디어는 마치 이때다라는 듯이 그를 맹렬히 비난했다.

例) 店員は早く帰れと言わんばかりに(＝とばかりに)、店の掃除を始めた。
마치 점원은 빨리 돌아가라는 듯이 가게 청소를 시작했다.

例) 運命は「ざまを見ろ」とばかりに(＝と言わんばかりに)、私を笑った。
운명은 「꼴 좋다, 그것 봐라」라는 듯이 나를 비웃었다.

例) 先生は、「黙れ」と言わんばかりの(＝とばかりの)顔で、
私語をしていた私たちを睨みつけた。
선생님은 마치 「조용히 해」라는 듯한 얼굴로 잡담을 하고 있던 우리를 노려보았다.

～んばかりに

【(곧 / 당장이라도 / 금방이라도) ～할 듯이】

접속 동사-ない형

핵심 「(실제로는 그렇지 않지만) 당장이라도(금방이라도) ～할 듯한 모습·태도·표정」이라는 의미를 나타낸다. 다른 사람·사물의 상태를 나타내는 표현이기 때문에, 화자 자신의 상태에는 사용하지 않는다. 주로「今にも(곧, 당장이라도, 금방이라도)」와 함께 자주 사용된다.

例) 今にも雨が降り出さんばかりだ。
지금 당장이라도 비가 내릴 듯하다.

例) 彼女は今にも泣き出さんばかりに、目をうるうるさせていた。
그녀는 당장이라도 울음을 터뜨릴 듯이 눈을 글썽이고 있었다.

例) 歩道には溢れんばかりの人集りができている。
보도에는 넘칠 듯한 많은 사람들로 가득 차 있다.

例) 最後の曲が終わると、場内から割れんばかりの拍手と歓声が沸いた。
마지막 곡이 끝나자, 장내로부터 터질[떠나갈] 듯한 박수와 함성이 들끓었다.

06 연습문제

問題5．次の文の（　）に入れるのに最もよいものを、1、2、3、4から一つ選びなさい。

1 メチャ旨いと言ったからといって、同じ料理を3連ちゃん（　　　）。

1　食わされちゃかなわない
2　食わせてしまおう
3　食わされたらいいじゃないか
4　食わせてもらいたい

2 あの人はいつも「この世の中は金だ金！金さえあれば何でも解決できる！」と放言して（　　　）。

1　はかなわない　　　　2　しかるべきだ
3　はばからない　　　　4　しようがない

3 健康を犠牲にし（　　　）、働きすぎるのは賢明ではないことだ。

1　ないまでも　　　　　2　てでも
3　てからというもの　　4　てまで

4（ロボット発明家石川さんへのインタビューで）

石川：「実は、初めからロボット発明家になる（　　　）、そうじゃないんです。大学を卒業したら、建築家になろうと思っていましたから。」

記者：「では、何がきっかけで、ロボット発明家になりたいと思ったんですか。」

1　つもりがなかったかっていうと
2　つもりだったかっていうと
3　つもりなのかっていわれたら
4　つもりじゃなかったのかっていわれたら

5 長引く不況と株価の暴落（　　　）、失業率が大幅に上昇した。

　　1　ときたら　　　　　　　2　というところだ
　　3　とがあいまって　　　　4　とばかりに

6 木村君なら、人柄（　　　）職場（　　　）娘の結婚相手として申し分ない人だ。

　　1　といい / といい　　　2　なり / なり
　　3　につけ / につけ　　　4　にせよ / にせよ

7 A：「頂上まで、どのくらいかかりますか。」
　　B：「大人の私で1時間半といった（　　　）でしたから、子供連れだと、2時間半ぐ
　　　らいかかると思います。」

　　1　だけ　　　　　　　　2　ところ
　　3　のみ　　　　　　　　4　ばかり

8 社長の挨拶ときたら、（　　　）。

　　1　長い上につまらないんだから、本当に嫌になっちゃう
　　2　いつも笑顔で優しく接してくれるので心が安らぐ
　　3　簡単明瞭で分かりやすい
　　4　明日、朝9時から9時半まで予定されています

9 昨日、遅刻しそうになって駅まで超ダッシュで走って、電車のドアが閉まりかかって
　いるところに駆け込み乗車した。ところが、電車は反対方向に走り始めた（　　　）。
　もっと遅刻しそうになってイライラしていたよ。

　　1　のではない　　　　　2　ではない
　　3　のではないか　　　　4　ではないか

10 シンポジウムの司会者に指名された彼は、待ってました（　　　）、自分の主張を繰り広げ始めた。

　　1 んばかりに　　　　2 ばかりか
　　3 とばかりに　　　　4 ばかりでなく

問題6. 次の文の ＿★＿ に入る最もよいものを、1、2、3、4から一つ選びなさい。

11 公演直前のリハーサル中に、足を挫（くじ）いちゃって出演できなかったが、
　　私は＿＿＿ ＿＿＿ ＿★＿ ＿＿＿ に立ちたかった。

　　1 をついて　　　　　2 ステージ
　　3 でも　　　　　　　4 松葉杖（まつばづえ）

12 人生において労働というのは非常に大事な要素ですが、＿＿＿ ＿★＿ ＿＿＿
　　＿＿＿を続けるのは正しいとは言えません。

　　1 になって　　　　　2 うつ病
　　3 仕事　　　　　　　4 まで

13 盲腸（もうちょう）もそれなりに役に立ってはいるが、＿＿＿ ＿＿＿ ＿★＿ ＿＿＿ 中途半端な位置を占めている。

　　1 別に　　　　　　　2 という
　　3 差し支えない　　　4 無くても

14 卒業おめでとうございます。これから皆さんが社会に出て、様々な＿＿＿ ＿★＿
　　＿＿＿ ＿＿＿やみません。

　　1 ことを　　　　　　2 ご活躍される
　　3 分野で　　　　　　4 願って

15 厳選された原材料と富士山が育(はぐく)んだ水 ____ ____ ★ ____ が生まれた。

    1 相まって　　　　　　2 ウイスキー
    3 とが　　　　　　　　4 極上の

16 ひらひらと降ってきた雪は、山といわず ____ ★ ____ ____ に塗りつぶした。

    1 といわず　　　　　　2 至る所を
    3 銀一色　　　　　　　4 野原

17 最近の ____ ____ ★ ____ 言ってやる気なんか全くない。

    1 不平不満　　　　　　2 ときたら
    3 新入社員　　　　　　4 ばかり

18 彼がどんなにゴルフが ____ ★ ____ ____ を出ていないよ。

    1 としたって　　　　　2 域
    3 得意　　　　　　　　4 素人の

19 水蒸気(すいじょうき) ____ ____ ★ ____ 水のことである。

    1 状態に　　　　　　　2 気体の
    3 とは　　　　　　　　4 変わった

20 今にも雨が ____ ★ ____ ____ 、予定通り決勝戦が行われた。

    1 降り出さ　　　　　　2 の中
    3 んばかりの　　　　　4 空模様

問題7．次の文章を読んで、 21 から 25 の中に入る最もよいものを、1・2・3・4から一つ選びなさい。

NHKの算数の番組を作るにあたって、子供達の反応をあらかじめ調査したかった。 21 、春休みに近所の子供達を集め「算数教室」を開いた。私は彼らの利発さに感心したが、同時に彼らの 22 の不器用さにも驚いた。

正方形を定規を使って描かせると、ずいぶん時間をかけてやっと台形っぽい図ができる。立方体を描けというと、ティッシュの箱を踏み潰したようないびつな形にしかならない。便箋を三等分しろというと、お手上げになった。紙を三つ重なるように折れば良いんだと教えると、妙に感心した。定規でまっすぐ線を引く、はさみで切るといった基本的な作業も 23 。

察するに、学校でも家庭でも子供達は、自らの手を動かして何かを作ったことは殆どないのだろう。彼らはアシスタントの大学院生をやりこめるほど弁が立った(注1)。テレビから得た知識や情報も豊富だ。しかし、その知識は 24 。それが基本的な手作業もできないという顕著な形となって現れたのだ。

他人任せですむ時はまだ良いが、災害や飢饉などのっぴきならない(注2)状況になったら 25 。自分で雨露をしのぎ、食料を調達できるのだろうか。

(秋山仁『秋山仁の数学渡世』朝日新聞社)による

(注1) 弁が立つ：話し方が上手い。雄弁である。
(注2) 退っ引きならない：避けることも退くこともできない。どうしようもない。

21　1 されど　　　　　2 いまだかつて
　　3 往々にして　　　4 そこで

22	1 足先	2 手先
	3 指先	4 爪先

23	1 心を打った	2 心やましかった
	3 心もとなかった	4 心得た

24　1 彼ら自身の体験に裏付けられていない
　　2 量・質両面でやはり大学院生には敵わない
　　3 基盤とすべき好奇心を欠いている
　　4 算数という狭い領域に限られている

25	1 そうであろう	2 どうなるのだろう
	3 何だろうか	4 こうであろう

PART 6. 정답

問題5	**1**	1	**2**	3	**3**	4	**4**	2	**5**	3
	6	1	**7**	2	**8**	1	**9**	4	**10**	3
問題6	**11**	4132	**12**	2143	**13**	1432	**14**	3214	**15**	3142
	16	4123	**17**	3214	**18**	3142	**19**	3214	**20**	1342
問題7	**21**	4	**22**	2	**23**	3	**24**	1	**25**	2

| PART 6 | 135

PART 7

「~인[한] 것 같다, ~인[한] 듯하다」

056 | ~と見える

【~인[한] 것 같다, ~인[한] 듯하다】

접속 명사(だ) / な형용사-보통형 / い형용사-보통형 / 동사-보통형

핵심 외견상의 《추측·판단》을 나타내는 표현으로 「눈으로 보아 그렇게 보이거나, 그러한 느낌이 든다」라는 의미를 나타낸다. 주로 【~とみえて、~】(~인[한]지, ~인[한] 것인지, ~인[한] 것처럼, ~인[한] 것 같이)의 형태로, 전건에는 추측한 것을 말하고, 후건에는 그 근거를 진술한다.

例) 夜中に雨が降ったと見えて、道が濡れている。
한밤중에 비가 내렸는지 길이 젖어 있다.

例) 彼女は相当酔っていると見えて、足取りがふらついている。
그녀는 상당히 취했는지 걸음걸이가 휘청거리고 있다.

例) 隣の人はまだ勉強していると見えて、午前2時なのに電気が付いている。
옆집 사람은 아직 공부하고 있는지, 오전 2시인데 전기 불이 켜 있다.

例) 彼女はどうやら木村君と結婚する気はないと見える。
그녀는 아무래도 기무라 군과 결혼할 마음은 없는 것 같다.

「멍하니[무심코] ~하다」

057 ~ともなく / ~ともなしに

① 【특별히 ~할 생각도[의도도] 없이, 무심코[멍하니, 우연히, 저절로] ~하다】〈무의식적〉
② 【~인지 잘 모르지만】〈불확실함〉

접속 ① 동사-기본형
② 의문사 (+조사)

핵심 ① 「見る·聞く·言う·行く·考える」 등의 의지동사의 기본형에 붙어서, 특별한 목적이나 의도 없이 《무의식적》으로 그 행위가 행해지고 있는 것을 나타낸다. 「문득 ~하니까 (그냥 생각 없이 ~하고 있었더니), 이런 의외의 일이 일어났다」라고 말하고자 할 때 자주 사용한다. 이 경우에는 전후에 같은 의미의 동사가 온다.
② 「의문사 (+조사)」에 붙어서, 「《언제·어디에서·누가·무엇을》인지 잘 모르지만」이라는 의미로, 《불확실함》을 나타낸다.

例) 見るともなしにテレビを見ていたら、突然友達の顔が出てきたので驚いた。
멍하니 텔레비전을 보고 있는데, 갑자기 친구의 얼굴이 나와서 놀랐다.

例) 彼は汽車の窓から、見るともなく田舎の風景を眺めていた。
그는 기차 창문으로 무심코[멍하니] 시골 풍경을 조망하고 있었다.

例) 電車の中で、右隣のカップルの話を聞くともなく聞こえてきて一人でくすくす笑ってしまった。
전철 안에서 오른쪽 옆자리에서 들려오는 커플의 이야기를 우연히 듣고 혼자 킥킥거리고 웃었다.

例) 祖母の形見である懐中時計を見ていたら、考えるともなしに亡き祖母のことを思い出した。
할머니의 유품인 회중시계를 보고 있었더니, 저절로 돌아가신 할머니가 생각났다.

例) どこからともなく笛の音が聞こえてきた。
어디에서인지는 모르겠지만 피리 소리가 들려왔다.

例) いつからともなしに、彼は「博士」と呼ばれるようになった。
　　언제부터인지는 잘 몰라도[언제부터라고 꼬집어 말할 수는 없지만], 그는 「박사」로 불리게 되었다.

例) 「ア～ どうしたら良いんだろう」と、彼は誰にともなく呟いた。
　　「아～ 어쩌면 좋지」하고, 그는 누구에게인지는 모르겠지만 중얼거렸다.

「～라도 되면, ～가 되면」

058 ～ともなると / ～ともなれば
【～라도 되면, ～가 되면】

접속 명사 / 동사-기본형

핵심 「어떠한 특별한 상황·입장·단계가 되면」이라는 의미이다. 후건에는 필연적으로 생기는 사태·상황이나 당연한 결과·판단이 진술되며, 「さすがに (역시)·やはり (역시)·どうしても (반드시, 꼭 / 아무래도)·まさに (정말로, 바로)」 등이 동반되는 경우가 많다.

例) 受験であれ就職であれ、面接ともなるとやはり緊張するものだ。
　　수험이든 취직이든 면접이 되면 역시 긴장하게 마련이다.

例) GW(ゴールデンウイーク)ともなると、人気観光スポットは観光客で溢れる。
　　골든위크가 되면 인기 있는 관광지는 관광객들로 넘친다.

例) 年末ともなれば、大掃除や新年の準備でどこの家庭も慌ただしくなる。
　　연말이 되면 대청소와 신년준비로 어느 가정이나 분주해진다.

例) 世界の一流選手ともなると、さすがにインプット能力も桁違いです。
　　세계 일류선수가[라도] 되면 역시 받아들이는 능력도 월등합니다.

「~하지 않더라도, ~까지는 않더라도」

059 ~ないまでも

【~하지 않더라도, ~하지 못하더라도, ~까지는 않더라도,
~까지는 아닐지라도, ~하지 않을지언정】

접속 명사+で / な형용사-어간+で / い형용사-어간+く / 동사-ない형

핵심 만족도나 충족도의 지표가 되는 하나의 도달점을 나타내서,「그 정도(大)까지는 아니어도 적어도 이 정도(小)는」이라는 의미를 나타낸다. 후건에는 주로「少なくとも~」「せめて~」 와 함께 만족할 수 있는 최저한의 양이나 정도, 내용이 서술된다. 그리고 문장 끝에는 희망, 명령, 의무, 의지 등의 표현이 온다.

예) 見舞いに行かないまでも、電話ぐらいしたら良いじゃない。
병문안까지는 가지 않더라도 전화 정도는 하는 게 좋지 않니?

예) 理解はできないまでも、少なくとも理解をしようとする努力はしてほしい。
이해는 못 하더라도 적어도 이해를 하려고 하는 노력은 해 주길 바란다.

예) 優勝できないまでも、せめて入賞はしたい。
우승까지는 못 하더라도 적어도 입상은 하고 싶다.

예) 毎年とは言わないまでも、2~3年に一度ぐらいは海外旅行に行きたい。
매년이라고는 말하지 않더라도 2~3년에 한 번 정도는 해외여행 가고 싶다.

예) 全額でないまでも、せめて利子ぐらいは返済してくれ。
전액까지는 아니어도 적어도 이자 정도는 갚아라.

「~하지 못할 것은 없다」

060 ~ない(もの)では[も]ない

【~하지 못할 것은[도] 없다, ~하지 않는 것은[도] 아니다,
(상황에 따라) ~할 수는[도] 있다】

접속 명사-で / な형용사-어간で / い형용사-어간く / 동사-ない형

핵심 「~라는 가능성이 있을 지도 모른다」라는 의미로, 가능성이 제로는 아니다라는 것을 나타낸다. 이중부정을 사용하여 얼마 안 되는 가능성을 소극적으로 인정하는 긍정표현이며, 단정을 피하는 표현이다. 【~ないことは[も]ない】【~なくは[も]ない】(N2문형)과 같은 표현이다.

例) 肺癌になっても、早期発見すれば治らない(もの)でもないそうだ。
폐암에 걸려도, 조기 발견하면 나을 수도 있다고 한다.

例) 修理すれば使えない(もの)でもないが、修理代が高くつくだろう。
수리하면 사용하지 못하는 것도 아니지만 (사용할 수도 있지만), 수리비가 비싸게 치일 것이다.

例) どうしてもと頼まれれば、引き受けない(もの)でもないが、、、。
무슨 일이 있어도 꼭 해달라고 부탁하신다면, 떠맡지 못할 것도 없지만…

例) 木村君が置かれた恵まれない家庭環境を考えれば、
非行に走ったのも理解できない(もの)でもない。
기무라 군이 처한 불우한 가정환경을 생각하면, 비행을 저지른 것도 이해 못 할 것도 없다 [이해할 수도 있다].

「~가 아니면 / ~만의 / ~뿐이다」

061 ~ならでは + 동사(부정) /
~ならではの + 명사(긍정) /
~ならではだ

【~이 아니면 (안 되는), ~이 아니고는 (할 수 없는) /
~만의 + 명 /
~고유의 것이다, ~뿐이다】

접속 명사

핵심 「~만이 갖는 특유의 / ~이니까 가능하다」라는 의미로, 「그 특징이 다른 것에서는 별로 볼 수 없는《고유성》을 강조할 때 사용하는 표현이다. 주로 높은 평가나 칭찬과 감탄의 기분을 나타낼 때에 사용하므로, 가게나 회사 등의 광고나 선전 문구에서 자주 볼 수 있다.

例) この味は、この店ならでは出せない味だ。
이 맛은 이 가게가 아니면 낼 수 없는 맛이다.

例) このキムチの味は、お袋ならではの味だ。
이 김치 맛은 (우리) 어머니만의 맛이다.

例) この絵には子供ならでは表せないあどけなさがある。
이 그림에는 아이들이 아니면 표현할 수 없는 천진난만함이 있다.

例) 祇園祭こそ、京都ならではの伝統行事です。
기온 축제야말로 교토만의 전통행사입니다.

例) こうして心身ともリラックスでき癒されるのは、温泉ならではだねえ。
이렇게 몸과 마음을 편히 쉴 수 있고 힐링되는 것은 온천뿐이네.

「~나름대로」

062 ~なりに / ~なりの ＋ 명

【~나름대로 / ~나름대로의, ~나름의 ＋ 명】

접속 명사 / それ / な형용사-보통형 / い형용사-보통형 / 동사-보통형

핵심 「(부족한 부분도 있지만 / 충분하지는 않지만) 그 입장이나 상황 내에서 보면, 잘 하고 있다 / 이해할 수 있다」라는 표현으로, 플러스 평가를 나타내는 경우가 많다.

例) 私なりに努力はしてみたが、力が及ばなかった。
(완벽하지는 않지만) 나 나름대로 노력은 해봤는데, 힘이 미치지 못했다.

例) 子供には子供なりの考えや世界があるのだ。
아이들에게는 아이들 나름의 생각과 세계가 있다.

例) 彼女にも彼女なりの事情があるんだから、
あまり周りがとやかく言うのはやめた方が良い。
그녀에게도 그녀 나름의 사정이 있으니까, 너무나 주위에서 이러쿵저러쿵 말하지 않는 게 좋다.

例) お金というものは、あればあるなりになければないなりに悩みの種だ。
돈이라는 것은 있으면 있는 대로 없으면 없는 대로 고민거리이다.

例) やっぱり高い物はそれなりの理由があるんですね。
역시 비싼 물건은 그 나름대로의 이유가 있네요.

「～(하)든 ～(하)든」

063 ～なり ～なり

【～(하)든 ～(하)든】〈하나 선택〉

접속 명사 / 동사-기본형

핵심 선택의 예를 복수(A, B)로 나타내서, 「A와 B를 포함한 동류 전체에서 뭐든지 좋으니 당신이 좋을 대로 한쪽을 선택해라」라는 《택일(択一)》의 의미를 나타내는 표현이다. 과거의 일에는 사용하지 않으며, 윗사람에게도 그다지 사용하지 않는 편이 좋다.
「Aなり Bなり(・・・)」나 「Aなり 의문사なり(・・・)」의 형태로 사용된다.

＊【～であれ ～であれ】: ～든 ～든. 〈⑮번〉
「A든 B든 / A, B 어느 경우든 〈관계없이〉」라는 의미를 나타낸다. A, B 두 예를 들어서 「그 예가 다 들어 맞는다」「상황이 변하지 않는다」라고 말하고자 할 때 사용하는 표현이다.

例) 何かあったら、気軽に電話なりメールなりで連絡ください。
　　무슨 일이 있으면 부담 없이[가볍게] 전화로든 메일로든 연락 주세요.
　　〈전화와 메일을 포함한 모든 연락수단 중 하나 선택〉

例) お茶なりコーヒーなり、好きなものをどうぞ。
　　차든 커피든 좋아하는 거 드세요. 〈차와 커피를 포함한 마시는 차 종류 전체에서 하나 선택〉

例) 熱が酷い場合は、解熱剤を飲むなり病院に行くなりしないと駄目だ。
　　열이 심한 경우에는 해열제를 복용하든 병원에 가든 해야 한다.

例) もう要らないものは捨てるなり何なりしないと、部屋が片付かない。
　　이제 필요 없는 것은 버리든 어떻게든 하지 않으면 방이 정리가 되지 않는다.

＊ 男であれ女であれ、能力があれば採用する方針である。
　　남자든 여자든 능력이 있으면 채용할 방침이다.

「~에 있어서, ~에(서)」

064 ~にあって(は/も)

【~(상황)에 있어서, ~(상황)에서, ~(상황)에】〈특별한 상황〉

접속 명사

핵심 「~와 같은 특별한 사태·상황에 직면해 있으므로 (+순접) / ~와 같은 특별한 사태·상황에 직면해 있음에도 불구하고 (+역접)」라는 뜻을 나타내고자 할 때 사용하는 표현이다. 대부분 격조사 「で」「において」로 바꿔 쓸 수 있다.

例) この不景気にあって、S社の業績は羨ましいほど好調だ。
이 불경기에 S사의 업적은 부러울 정도로 호조이다.

例) 地震や火災などの非常時にあっても、落ち着いて適切な行動を取るには、基本的な知識と日頃の心構えが必要だ。
지진이나 화재 등의 비상시에서도 침착하고 적절한 행동을 취하려면, 기본적인 지식과 평소의 마음의 준비[마음가짐]이 필요하다.

例) いかなる逆境、悲運にあっても、希望だけは失ってはならない。
어떠한 역경, 비운에서도 희망만은 잃어서는 안 된다.

例) 就活にあっては、自分に合った仕事を見付けることが大切だ。
취직 활동에서는 자기에 맞는 일을 찾는 것이 중요하다.

「~に至る」시리즈

065 ~に至る / ~に至るまで / ~に至って / ~に至っても / ~に至っては

【~에 이르다 / ~에 이르기까지 /
~에 이르러서야 / ~에 이르러서도 /
~에 이르러서는, ~을 예로 든다면】

접속 명사 / 동사-기본형

핵심 【~に至る】는 「~になる」를 더 한층 강조한 표현으로, 「여러 가지 일[변화]가 계속된 후에, 최종적으로(결국) 어떤 상황·사태에 이르다」라는 의미를 나타낸다.

여기에서 【~に至って / ~に至っても / ~に至っては】라는 문형이 파생되었다.

① 【~に至って】는 「~라는 중대한 상황·단계·사태에 이르러서야, (겨우 / 가까스로 / 비로소) ~했다」라는 의미를 나타낸다. 그러므로 뒤에는 주로 「やっと(겨우) / ようやく(겨우, 가까스로) / 初めて(비로소)」 등의 말이 온다.
☞ 「늦었지만 늦게나마 ~했다」라는 뉘앙스!!

② 【~に至っても】는 「~라는 중대한 상황·단계·사태에 이르러서도, (아직 / 역시) ~않다」라는 의미를 나타낸다. 그러므로 뒤에는 주로 「まだ(아직) / やはり(역시) ~ない」 등의 말이 온다. 유감·실망·불만·분노의 감정이 강조되는 표현이다.
☞ 「늦었는데도 아직도 ~못 하고 있다」라는 뉘앙스!!

③ 【~に至っては】는 「~라는 극단적인 상황·단계·사태에 이르러서는, (이제) ~없다」라는 최악의 부정적인 사태가 된 것을 나타낸다. 그러므로 뒤에는 대부분 「~ない」와 호응된다.
☞ 「이 극단적인 예의 경우는 최악의 부정적인 상황이다」라는 뉘앙스!!

✎ 至る : (어떤 장소·시간에) 이르다, 다다르다, 당도하다, 도달하다. 〈자〉

例) 3回の交渉を経て、ようやく最終合意に至った。
3번의 교섭을 거쳐서 겨우[가까스로] 최종합의에 이르렀다.

例)「キティ」は、子供から大人に至るまで、幅広い年齢層に人気を博している。
「키티」는 아이부터 어른에 이르기까지 폭 넓은 연령층에게 인기를 얻고 있다.

例)先生の苦労が、今に至ってようやく分かった。
선생님의 고생[노고]를 지금에 이르러서야[이제서야] 겨우 알았다.

例)川の魚が絶滅するに至って、役所はようやくダム建設反対派の声に耳を傾けるようになった。
강의 어류가 멸종하기에 이르러서야, 관청은 겨우 댐 건설 반대파의 목소리에 귀를 기울이게 되었다.

例)関係者は子供が自殺するに至って、初めて虐めの深刻さを知った。
관계자는 아이들이 자살하는 사태에 이르러서야, 비로소 집단 따돌림의 심각성을 깨달았다.

例)自殺者が出るに至っても、学校側はなかなか虐めがあったことを認めなかった。
자살자가 나오기에 이르러서도, 학교측은 좀처럼 집단 따돌림이 있었다는 것을 인정하지 않았다.

例)大学を卒業する時期に至っても、まだ自分の将来の目標がはっきりしていない若者が大勢いる。
대학을 졸업할 시기에 이르러서도, 아직 자신의 장래 목표가 뚜렷하지 않은 젊은이가 많이 있다.

例)ある国では、国全体の失業率が20%を超え、20代の若者に至っては、40%以上だそうだ。
어느 나라에서는 나라 전체의 실업률이 20%를 넘으며,
20대 젊은이들에 이르러서는[의 경우는] 40% 이상이라고 한다.

例)ことここに至っては、手の施しようもない。
일이 이 지경에 이르러서는 손을 쓸 수도 없다.

例)甚だしきに至っては、妻子を棄てる者さえある。
심지어(는) 처자를 버리는 사람조차 있다.

07 연습문제

問題5．次の文の（　）に入れるのに最もよいものを、1、2、3、4から一つ選びなさい。

1 （会議で）
部長：「この案件について何か意見のある方いますか。あ、木村さん、どうぞ。」
木村：「はい。そのような対応は誰かに必要だとは思います。しかし、私たち営業の立場（　　　）、現在の状況でそこまでやるのはちょっと無理ではないかと思います。」

1　から言わせてやれば　　　2　に言わせてあげれば
3　から言わせてもらえば　　4　に言わせてくれれば

2 見る（　　　）テレビを見ていたら、ワイドショーに友達が出ていた。

1　ともなく　　　2　ともなると
3　にもなく　　　4　ともかく

3 一国の首相ともなれば、（　　　）。

1　やっぱり木村氏がいちばん有力な候補だと思う
2　公（おおやけ）の場での発言には細心の注意が必要だ
3　わずかな票差でA氏が当選した
4　フランスで開かれるサミットに参加する予定となっている

4 結婚式に参加できないまでも、（　　　）。

1　お祝いの電報ぐらいは打とう
2　ちょっと遅れると思う
3　やっと間に合って良かった
4　たぶん友達に恨まれると思うよ

5 子供：「お母さん、私もスマホが欲しいんだけど。駄目？」
母親：「ゲームじゃなくて勉強に使うんなら、（　　　）けど。」

1 考えずにはおかない
2 考えっこない
3 考えようにも考えられない
4 考えないものでもない

6 この味はお袋の手作りならでは、（　　　）。

1 とても美味しい
2 今回の料理コンテストでの優勝は堅いだろう
3 出せない味だ
4 レシピを見ながらでないと作れない

7 この地方では冬には2メートルもの雪が積もり、通行も困難になるが、雪国には雪国なりの（　　　）。

1 過ごし方がある　　　　2 過ごし方です
3 過ごし方でやる　　　　4 過ごし方にする

8 部屋で勉強ばかりしていないで、たまには映画を見る（　　　）運動をする（　　　）して、気晴らしでもしたらどう。

1 といい／といい　　　　2 なり／なり
3 なら／なら　　　　　　4 つ／つ

9 死亡事故が起こるに至って、（　　　）。

1 やっとその交差点に信号が取り付けられた
2 轢き逃げした犯人はまだ捕まっていない
3 犠牲になった方々のご冥福を、心よりお祈りいたします
4 犠牲者の家族は裁判に訴えた

10 大多数の住民が「原発反対キャンドル集会」に参加するという事態に(　　　)、なお原子力発電所の建設計画は撤回されなかった。

　　1 至るまで　　　　　2 至って

　　3 至っては　　　　　4 至っても

問題6. 次の文の ___★___ に入る最もよいものを、1、2、3、4から一つ選びなさい。

11 エリカちゃんは絵が ___ ___ ★ ___ 絵を描いている。

　　1 暇さえ　　　　　　2 とみえて

　　3 好きだ　　　　　　4 あれば

12 どこ ___ ★ ___ ___ 良い匂いが漂ってきた。

　　1 ばら肉を　　　　　2 から

　　3 焼く　　　　　　　4 ともなく

13 彼ほどの有名な ___ ★ ___ ___ の依頼が引っ切り無しに入ってくる。

　　1 各方面から　　　　2 講演

　　3 ともなると　　　　4 評論家

14 友達が先日の大雪で転倒して足を骨折して入院したそうだ。
遠くて ___ ___ ★ ___ ぐらいはしておこう。

　　1 行けない　　　　　2 までも

　　3 お見舞いに　　　　4 電話

15 長期は無理ですが、短期間なら貴社の提案に＿＿＿ ★ ＿＿＿ ＿＿＿ないです。

1 できない　　　2 でも
3 協力　　　　　4 もの

16 そのレストランでは、ハワイの民族音楽＿＿＿ ★ ＿＿＿ ＿＿＿が楽しめる。

1 本場　　　　　2 伝統料理
3 ならではの　　4 とともに

17 結婚式やお葬式に行く時は＿＿＿ ＿＿＿ ★ ＿＿＿があるんですから、服装には気をつけましょう。

1 礼服（れいふく）　　2 決まった
3 それ　　　　　　　　4 なりに

18 国際化の＿＿＿ ★ ＿＿＿ ＿＿＿役割も、もう一度考え直す必要がある。

1 教育の　　　　2 目的や
3 にあって　　　4 時代

19 親から独立するに至って＿＿＿ ＿＿＿ ★ ＿＿＿が分かった。

1 世間知らず　　2 どれだけ
3 自分が　　　　4 なのか

20 犯人は逮捕（たいほ）以来、一貫して犯行を全面否認してきたが、目撃者（もくげきしゃ）の出現と現場で＿＿＿ ＿＿＿ ★ ＿＿＿せざるを得ないだろう。

1 発見される　　2 指紋（しもん）が
3 に至っては　　4 自白

問題7. 次の文章を読んで、 21 から 25 の中に入る最もよいものを、1・2・3・4から一つ選びなさい。

夜道を照らす街灯や、庭などに置いてある電灯に明かりが灯ると、どこから 21 たくさんの蛾が集まってきます。都市部ではあまり見られませんが、台所や部屋の網戸などに張り付いていることもあります。

特に餌があるわけでもないのに、明かりに寄ってきてはくるくる舞い飛ぶ蛾。どうして蛾たちはこのような不思議な行動をするのでしょう。 22 二つの説があります。

夜に行動する夜行性の蛾たちには、コウモリという怖い敵がいます。自分たちを捕食するコウモリから逃れるためには、コウモリが嫌う 23 にいるのがもっとも安全だと考え、夜になると明かりに寄ってくるという説が一つ。

もう一つは、それよりもちょっと有力です。

夜、蛾たちは月や星の光を目安に飛んでいます。どちらかの光を常に一方の側に見ていればまっすぐ飛べるからです。 24 、街灯などの明かりは月や星と違ってすぐ近くにあります。そのため、いったん明かりのそばに寄ってしまうと、 25 。光を片側に見ながら飛ぼうとすれば、くるくると光源の周りを舞うことになってしまうというわけです。

(竹内均『月の不可思議学』同文書院)による

21 　1 ともすると　　2 ともなると
　　 3 ともかく　　　4 ともなく

22 　1 どれも　　　　　2 これには
　　　3 そういう　　　　4 あれのような

23 　1 台所　　　　　　2 網戸
　　　3 明るい場所　　　4 暖かい場所

24 　1 ところが　　　　2 願わくば
　　　3 それとなく　　　4 おしなべて

25 　1 もうまっすぐ飛ぶことはできません
　　　2 まぶしくて明かりから離れがたくなってしまうのです
　　　3 天敵であるコウモリを発見しやすいので捕食される心配はありません
　　　4 月や星にもまして電灯が明るいのです

 PART 7. 정답

問題5	1	3	2	1	3	2	4	1	5	4
	6	3	7	1	8	2	9	1	10	4
問題6	11	3214	12	2413	13	4312	14	3124	15	3142
	16	4132	17	3421	18	4312	19	3214	20	2134
問題7	21	4	22	2	23	3	24	1	25	1

| PART 8 |

「~에 관련된」

066 ~に関[かか]わる

【~에 관련된】

접속 명사

핵심 【~に関わる】는「~에 관계가 있다, ~에 중대한 영향을 끼치다」라는 의미를 나타낸다. 「단지 ~에 관계만 있는 것이 아니라, 그것에 중대한 영향도 끼친다」라고 나타낼 때 사용하는 표현이다. 그러므로 앞에는 주로「人命[じんめい](인명)・命[いのち](목숨)・生死[せいし](생사)・名誉[めいよ](명예)・威信[いしん](위신)・人権[じんけん](인권)・プライバシー(프라이버시)・将来[しょうらい](장래)」등 〈중대성〉을 띠는 명사가 온다.

🖉 関[かか]わる: 관계되다 / 관계하다, 상관[관여]하다. 〈자〉

例) 命[いのち]にかかわる病気[びょうき]じゃないから、心配[しんぱい]は要[い]らない。
생명과 관련된[관계된] 병은 아니니까 걱정할 필요는 없다.

例) 人[ひと]の名誉[めいよ]にかかわる重大[じゅうだい]な問題[もんだい]だから、真実[しんじつ]を述[の]べるべきだ。
다른 사람의 명예에 관련된 중대한 문제이니까 진실을 말해야 한다.

例) 暴力[ぼうりょく]や虐待[ぎゃくたい]、いじめ、インターネットを悪用[あくよう]した書[か]き込[こ]みなど、人権[じんけん]にかかわる問題[もんだい]が後[あと]を絶[た]たない。
폭력과 학대, 집단 따돌림, 인터넷을 악용한 게시글 등 인권과 관련된 문제가 뒤를 끊이지 않는다.

例) 子供[こども]の将来[しょうらい]にかかわることだから、慎重[しんちょう]に決[き]めたい。
아이의 장래에 관련된 일이니까 신중하게 결정하고 싶다.

「~에(게만) 국한된 것은 아니다」

067 ~に限ったことではない

【~에(게만) 국한된 것은 아니다】

접속 명사

핵심 「~만이라고는 말할 수 없다 / ~만이 그러한 것은 아니다」라는 뜻으로, 「그것뿐만 아니라 다른 것들도 많이 있다」는 의미를 나타낸다.

📎 限る : (범위를) 한정[제한]하다, 한하다. 〈5・타〉

例) 公の場でのマナーを守らないのは、若者に限ったことではない。
　　공공장소에서 매너를 지키지 않는 것은, 젊은이들에게만 국한된 것은 아니다.

例) 少子・高齢化の問題、これは日本に限ったことではない。
　　저출산·고령화의 문제, 이것은 일본에만 국한된 것은 아니다.

例) 彼が遅刻するのは、今日に限ったことじゃない。
　　그가 지각하는 것은 오늘만의 일은 아니다.

「~을 구실로[삼아], ~을 핑계로[삼아]」

068 ~にかこつけて

【~을 구실로, ~을 구실 삼아, ~을 핑계로, ~을 핑계삼아】

접속 명사

핵심 「어떤 일이 직접적인 이유나 원인이 아닌데 그것을 구실·핑계로 자신의 행동을 정당화한다」라는 의미를 나타낸다. 앞에는 책임을 면하기 위한 구실이 되는 것, 뒤에는 비난받을 가능성이 있는 사항이 오는 경우가 많다.

📎 かこつける : 핑계 삼다, 구실 삼다. 〈자〉

例) 学校に行きたくないので、母の病気にかこつけてずる休みした。
学교에 가고 싶지 않아서 엄마의 병을 구실로[핑계 삼아] 쉬었다.

例) 外回りにかこつけて、半日ほど観光をしてきた。
외근을 구실로[핑계로] 한나절 정도 관광을 하고 왔다.

例) 彼は取引先との付き合いにかこつけて、毎日のように取引先と贅沢な食事をしている。
그는 거래처와의 접대를 핑계로, 매일같이 거래처와 사치스런 식사를 하고 있다.

例) 彼女の姑はパーティー好きで、いつも何かにかこつけてパーティーを開いているそうだ。
그녀의 시어머니는 파티를 좋아해서 항상 무언가를 구실삼아, 파티를 열고 있다고 한다.

「~에 얽매여서[매달려서, 쫓겨서]」

069 ~にかまけて

【~에 얽매여서, ~에 매달려서, ~에 빠져서, ~에 쫓겨서】

접속 명사

핵심 「~にかまけて」는 「~에 너무 열중해서 / ~에 너무 바빠서 / ~에 너무 몰두해서」 등의 의미가 있다. 그러므로 뒤에는 「하지 않으면 안 되는 것을 하지 않는다 / 다른 일을 돌보지 않게 된다」 등의 나쁜 결과(부정적인 표현)이 온다.

✎ かまける: (다른 일은 돌보지 않고) 그 일에만 매달리다[얽매이다]. 〈자〉

例) うちの息子は野球にかまけて、全然勉強しようとしない。
우리 아들은 야구에 미쳐서[빠져서] 전혀 공부하려 하지 않는다.

例) 子供が産まれてからは、育児にかまけて自分を振り返る余裕もなかった。
아이가 태어나고 나서는, 육아에 매달려[쫓겨] 자신을 돌아볼 여유도 없었다.

例) 妻は最近ボランティアと趣味にかまけて、ろくに家事もしない。
　　아내는 요즘 봉사활동과 취미에 빠져서 집안일도 제대로 안 한다.

「~하기에 어렵지 않다」

070 ~に難くない

【~하기에 어렵지 않다, (간단히 / 충분히) ~할 수 있다】

접속 명사 / 동사-기본형

핵심 상황을 생각해 봤을 때, 「실제로 보지 않아도 힘든 상황인 것을 쉽게 상상·이해·추측·헤아릴 수 있다」라고 《동정이나 공감》을 나타내는 표현이다. 그러므로 전건에는 「想像(する)·理解(する)·推測(する)·察する(헤아리다)」 등, 상상력과 이해력에 관한 한정된 동사나 명사가 와서 관용적으로 쓰인다.

✎ 難い : 어렵다, 힘들다, 곤란하다.

例) 同じ民族が二つの国に分かれて戦うという悲劇は、想像(する)に難くない。
　　같은 민족이 두 개의 나라로 분단되어 싸운다는 비극은, 상상하기에 어렵지 않다
　　[충분히 상상할 수 있다].

例) なぜ彼女があのとき逃げたのか、事件の状況を考えてみれば、理解(する)に難くない。
　　그녀가 왜 그 때 도망쳤는지, 사건의 상황을 생각해 보면 이해하기에 어렵지 않다.

例) 人々は木村さんの行為を非難しているが、彼の立場になって考えてみれば、彼がなぜそうしたか、理解(する)に難くない。
　　사람들은 기무라 씨의 행위를 비난하고 있지만, 그의 입장이 되어 생각해 보면 그가 왜 그랬는지 이해할 수 있다.

例) その時、彼女がどんなに辛かったかは察するに難くない。
　　그때 그녀가 얼마나 괴로웠는지는 헤아리기 어렵지 않다.

> 「~보다 더 나은 것은 없다」

071 | ～に越したことはない

【～(하는 것)보다 더 나은 것은 없다, ～(하는 것)이 좋다,
～(하는 것)이 최고다】〈ベスト(최선)의 선택〉

접속 명사 / な형용사-어간·である / い형용사-기본형 / 동사-기본형

핵심 「～(하는 것)이 베스트(최선)이다」라고, 누군가에게 《권하거나 제안》하는 표현으로써 자주 사용된다. 상식적으로 생각해서 당연히 「그 편이 좋다, 그 편이 안전하다」라는 의미이다. 유의표현으로 【～た方が良い】가 있는데, 【～に越したことはない】는 《그것이 베스트(최선)의 선택》이라는 어감을 준다.

✎ 越す: 넘다 / 낫다, 더 좋다. 〈자〉

例) 日本語を学ぶなら、日本人の先生に越したことはない。
일본어를 배우는 것이라면 일본인 선생님보다 나은 것은 없다.

例) 用心に越したことはないから、しっかりと戸締りしておこう。
조심하는 것이 최고니까 단단히 문단속 해 두자.

例) 体は健康であることに越したことはないと思う。
몸은 건강한 것이 최고라고 생각한다.

例) 本格的な就活は来年からだが、早めに準備するに越したことはないと思う。
본격적인 취직 활동은 내년부터지만, 좀 일찍 준비하는 것이 좋다고 생각한다.

例) 今年合格できればそれに越したことはないが、
もし駄目ならまた来年頑張れば良い。
올해 합격할 수 있으면 그것보다 나은 것은 없지만, 만약에 안 된다면 내년에 다시 열심히 하면 된다.

「にして」

072 ～にして

① 【～에, ～이 되어서야 비로소[겨우]】
② 【～이기에, ～이기 때문에 비로소, ～만이】〈가능〉
③ 【～로서도, ～라 할지라도】〈불가능·어려움〉
④ 【～임과 동시에, ～인 동시에, ～이면서】

접속 명사

핵심 ① 시간이나 나이 등 「숫자와 관련된 명사」에 접속하여, 「～에, ～이 되어서야 비로소·겨우」라는 의미를 나타낸다. 늦었다라는 뉘앙스일 때는 주로 「～にして初めて·～にしてようやく」의 형태를 취한다.

② 수준·정도·지위·능력이 뛰어난 인물이나 대상에 접속하여, 「수준·정도·지위·능력이 뛰어나기 때문에 비로소 가능하다」라는 뜻으로, 「からこそ」 계통의 〈순접표현〉이다. 주로 「～にして初めて」의 형태를 취한다. 구어체에서도 자주 사용된다.

③ 수준·정도·지위·능력이 뛰어난 인물이나 대상에 접속하여, 「수준·정도·지위·능력이 뛰어난데도 불가능하다·어렵다」라는 뜻으로, 「でも」나 「のに」계통의 〈역접표현〉이다. 구어체에서도 자주 사용된다.

④ 「Aにして、(かつ / 同時に) B」의 형태로, A와 B에 비슷한 것을 나열하여, 「A이기도 하고, (한편, 또 / 동시에) B이기도 하다」라는 의미를 나타낸다.

✔ 「～にしては」(～치고는) 〈N2문형〉과 혼동하지 마세요~~ (^^)∨

例)「ローマは一日にしてならず」 <ことわざ>
「로마는 하루 아침에 이루어지지 않는다」〈속담〉

例)「四十にして惑わず」 <ことわざ>
「나이 40에 불혹이라」〈속담〉

例) 尾崎豊は16歳にして、ソニーオーディションに合格した。
오자키 유타카는 16살에 소니 오디션에 합격했다.

例) 彼は４０歳にして、ようやく自分の生きるべき道を見つけた。

그는 40살이 되어서야 겨우 자기가 살아가야 할 길을 찾았다.

例) この分野の専門家である木村さんにして、初めてできることだ。

이 분야의 전문가인 기무라 씨이기에 비로소 가능한 일이다. 〈가능〉

例) この分野の専門家である木村さんにして、解決できなかった。

이 분야의 전문가인 기무라 씨로서도 해결 못 했다. 〈불가능〉

例) この問題を解くのに、優秀な青木君にして、3時間もかかった。

이 문제를 푸는 데, 우수한 아오키 군으로서도 3시간이나 걸렸다. 〈어려움〉

例) 彼は医者にして、且つ、優れた画家でもある。

그는 의사임과 동시에[이면서], 한편[또] 뛰어난 화가이기도 하다.

例) 必要にして且つ十分な条件

필요하고도 충분한 조건.

「~에 입각하여」 시리즈

073 | ~に即して / ~に即した + 명

【~에 입각하여, ~에 들어맞게, ~에 적합하게, ~에 따라(서) /
~에 입각한, ~에 들어맞는, ~에 적합한, ~에 따른 + 명】
〈벗어나지 않도록·적합하게〉

접속 명사

핵심 「~에서 떨어지지[벗어나지] 않도록, ~대로, ~에 따라서」라는 의미로, 전건에 제시된 내용이나 기준에 《적합하게·벗어나지 않도록》 어떤 일을 한다라는 뉘앙스이다. 전건에는 「事実(사실)·現実(현실)·状況(상황)·現状(현상)·実態(실태)·現場(현장)·流れ(흐름)」 등의 말이 온다.

✐ 即する : 떨어지지 않고 딱 붙다, 딱 들어맞다. 〈자〉

例) 事実に即して、その事件について話してください。
　　사실에 입각해서 그 사건에 대해서 이야기해 주세요.

例) 現実に即して、ものごとを処理する。
　　현실에 입각해서[따라서] 매사를 처리한다.

例) 現状に即した教育施策が必要だ。
　　현상에 입각한[들어맞는] 교육시책이 필요하다.

例) マスコミ各社には、事実に即した報道をしてほしい。
　　매스컴 각 사는 사실에 입각한[따른] 보도를 해 주기를 바란다.

例) 実戦に即した練習をしないと良い成績は出せない。
　　실전에 입각한[실전을 방불케 하는] 연습을 하지 않으면 좋은 성적은 낼 수 없다.

~を踏まえ(て) / ~を踏まえた ＋ 명

【~에 입각하여, ~에 근거를 두어, ~을 기반[토대·근거]로 /
~에 입각한, ~에 근거를 둔, ~을 기반[토대·근거]로 한 ＋ 명】
〈기반으로·근거로·토대로〉

접속　명사

핵심　「~을 전제로 하여, ~을 고려에 넣어」라는 의미로, 전건에 제시된 사항을 《토대·근거·전제·참고》로 하여 다음 단계의 생각이나 행동을 진행한다라는 뉘앙스이다. 행동에 영향을 미치는 「結果(결과)·成果(성과)·経験(경험)·規則(규칙)·意見(의견)·状況(상황)·事実(사실)·歴史(역사)·データ(데이터)」 등의 명사에 접속한다. 좀 딱딱한 표현으로 회의 등의 격식을 차린 장면에서 사용되는 경우가 많다.

　✎ 踏まえる : 힘주어 밟다, 밟아 누르다 / 판단의 근거로 삼다, 입각하다. 〈타〉

例) アンケート調査結果を踏まえて、企画の見直しをします。
　　앙케트 조사 결과에 입각하여[결과를 토대로], 기획을 재검토하겠습니다.

例) 市民の意見を踏まえて、市は、新たな医療サービスの検討を始めた。
  시민의 의견에 입각하여[의견을 토대로], 시는 새로운 의료 서비스 검토를 시작했다.

例) 現在の状況を踏まえて、今後の計画を考え直す必要がある。
  현재의 상황에 입각하여[상황을 기반으로], 앞으로의 계획을 다시 생각할 필요가 있다.

例) 集めたデータを踏まえて論文を作成する。
  모은 데이터에 입각하여[데이터를 기반으로] 논문을 작성한다.

「~할 만하다, ~할 가치가 있다」 시리즈

074 ~に堪える

【~할 만하다, ~할 가치가 있다】〈胸〉

접속 명사 / 동사-기본형

핵심 「~할 만큼의 가치가 있다」라는 의미로, 어떤 대상(사물)에 대해서 화자 자신의 감정이나 심정을 《주관적·감정적》으로 나타내는 표현이다. 주로 「聞く·読む·見る·鑑賞(する)·批評(する)·批判(する)」와 같은 한정된 명사나 동사에 접속한다. 「~할 만큼의 가치가 없다」라고 부정하고 싶을 때는 【~に堪える+명+ではない】의 형태를 취한다.
  耐える·堪える : 견디다, 참다 / (외부로부터의 작용을) 감당하다, 견디다 / …할 만하다. 〈자〉

例) 彼のバイオリン演奏は聞くに堪えるものだった。
  그의 바이올린 연주는 들을 만했다[가치가 있었다].

例) 早く専門家の批評に堪える絵が描けるようになりたいと思う。
  빨리 전문가가 비평할 만한 가치가 있는 그림을 그릴 수 있게 되었으면 한다.

例) アニメには、大人の鑑賞に堪える作品も多い。
  애니메이션에는 어른들이 감상할 만한[가치가 있는] 작품도 많다.

例) 今日見た作品は、鑑賞に堪えるものではなかった。
오늘 본 작품은 감상할 만한 것은 아니었다.

例) 現段階での彼女の小説は、まだ小説好きの読者が読むに堪える本ではない。
현단계에서의 그녀의 소설은, 아직 소설을 좋아하는 독자가 읽을 만한 책은 아니다.

~に堪えない

① 【(차마) ~할 수 없다】
② 【(너무) ~하다, (정말로) ~하다】

접속 ① 동사-기본형 (見る·聞く)
② 명사 (感謝·感動·感嘆·感激·遺憾·悲しみ)

핵심 ① 「불쾌감이 있어 보거나 듣거나 하는 일에 참을 수 없다」라고, 《불쾌한 감정》을 나타내는 표현이다. 「見る·聞く」 등의 한정된 동사에만 붙는다.
② 「참을 수 없을 정도로 ~다」라고, 강하게 느낀 《감정을 강조》하는 표현이다. 「感謝(감사)·感動(감동)·感嘆(감탄)·感激(감격)·遺憾(유감)·悲しみ(슬픔)」 등의 감정을 나타내는 한정된 명사에만 붙는다. 이 경우에는 「~を禁じ得ない(~을 금할 수 없다)」와 거의 같은 뜻이 된다.

✐ 堪えない：(감정·기분 등을) 참을 수 없다. 억제할 수 없다. 〈連語〉

例) 飛行機墜落現場は大変悲惨な状態で見るに堪えなかった。
비행기 추락현장은 너무 비참한 상태여서 차마 눈뜨고는 볼 수 없었다.

例) 最近の国会での討論は聞くに堪えない。
최근 국회에서의 토론은 차마 들을 수 없다.

例) 彼の話はいつも人の陰口や悪口ばかりで、聞くに堪えない。
그의 이야기는 언제나 남의 험담과 욕뿐이라서, 차마 듣고 있을 수 없다.

例) 多くの方々にご協力いただき、感謝に堪えません。
많은 분들께서 협력해 주셔서 정말로 감사합니다.

例) 今回のフェリー沈没事故で多くの犠牲者を出したことは誠に遺憾に堪えない。
이번 페리 침몰사고로 많은 희생자를 낸 것은 정말로 유감스럽다.

例) 突然の訃報に接し、悲しみの念に堪えません。
갑작스런 부보[부고](사람의 죽음을 알리는 글)에 접해서 너무나 슬픈 심정입니다.
[비탄에 빠져 있습니다]

075 ~に足る

【~할 만하다, ~할 가치가 있다, ~하기에 충분하다】〈脳〉

접속 명사 / 동사-기본형

핵심 「~할 만큼의 가치가 있다, ~하는 것이 어울린다」라는 의미로, 어떤 대상(사람·사물)을 《객관적·이성적》으로 평가하여 상대방에게 전하는 표현이다. 주로「信頼(する)·信用(する)·尊敬(する)·推薦(する)·賞賛(する)·満足(する)」같은 한정된 명사나 동사에 접속한다.

✐ 足る: 족하다. 〈자〉

例) 彼が信頼(する)に足る人物であることは、私が太鼓判を押します。
그가 신뢰할 만한 인물이라는 것은 제가 확실히 보증합니다.

例) 父は昔から仕事にも家族にも全力を注ぐ人なので、私にとって尊敬(する)に足る人物です。
아버지는 옛날부터 일에도 가족에게도 전력을 쏟는 사람 이여서, 저에게 있어서 존경할 만한 인물입니다.

例) 危険を顧みず、炎の中に飛び込んで人の命を救った彼の行為は、賞賛に足るものだ。
위험을 염두에 두지 않고, 불길 속으로 뛰어들어 사람의 목숨을 구한 그의 행위는 칭찬할 만한 것이다.

例) 木村君は奨学生として推薦(する)に足る模範生だ。
기무라 군은 장학생으로서 추천할 만한 모범생이다.

~に足りない / ~に足らない

【~할 가치가 없다, ~할 필요가 없다】

접속 명사 / 동사-기본형

핵심 「~할 만큼의 가치가 없다, ~하는 것이 어울리지 않는다」라는 의미로, 어떤 대상(사람·사물)을 《객관적·이성적》으로 평가하여 상대방에게 전하는 표현이다.

例) 信頼(する)に足る言葉には飾り気がなく、
耳触りの良い言葉は信頼するに足りない。

신뢰할 만한 말에는 꾸밈[겉치레]가 없고, 듣기 좋은 말은 신뢰할 가치가 없다.

例) 彼が抱えている問題に比べたら、私の悩みなんて取るに足りない。

그가 안고 있는 문제에 비하면 내 고민은 하찮다.

例) 冬山登山でも、十分な準備をしていれば、
危険など恐れるに足りないと思う。

겨울산 등산일지라도 충분한 준비를 하면, 위험 따위는 두려워 할 가치[필요]가 없다고 생각한다.

08 연습문제

問題5. 次の文の(　　)に入れるのに最もよいものを、1、2、3、4から一つ選びなさい。

1 次の首相が誰になるかは、日本の将来(　　　)ことだ。

　　1 にかける　　　　　　　　2 にもかかわらず
　　3 にかかわらず　　　　　　4 にかかわる

2 風邪にかこつけて、(　　　)。

　　1 病院に行った　　　　　　2 熱が酷くて解熱剤を飲んだ
　　3 試験勉強もろくにできなかった　　4 学校をずる休みした

3 うちの主人は、仕事にかまけて、(　　　)。

　　1 家庭のことはほったらかしにしている
　　2 子供たちの世話もよくしてくれる
　　3 そうとう疲れているように見える
　　4 まるで働き蜂みたい

4 文化や習慣の異なる外国での暮らしがいかに大変かは、想像するに(　　　)。

　　1 こしたことはない　　　　2 あたらない
　　3 かたくない　　　　　　　4 たえない

5 A:「ちょっと聞きたいですが、その仕事は経験がなくても大丈夫ですか。」
　　B:「はい、経験はあるに(　　　)、なくても大丈夫です。」

　　1 越すことはありませんが　　　2 越したことはありませんが
　　3 越したことではありませんが　4 越すことではありませんが

6（携帯電話で）

花子：「もしもし、幸子？　ごめん、今バスの中だけど道が込んでて。」
幸子：「え、そうなの？　ミュージカル、3時に始まるんだけど。」
花子：「うん。（　　　）、また連絡するね。」

　1　間に合いそうになかったら
　2　間に合いそうになかったから
　3　間に合っていなかったのだから
　4　間に合っていなかったのだったら

7　この芝居は歌舞伎界の人間国宝の彼女にして（　　　）、演じにくいものである。

　1　「難しい」とは言うものの
　2　「難しい」と言わせるほど
　3　「難しい」とは言え
　4　「難しい」と言わせるばかりに

8　大会の開会式はスケジュール表にそくして（　　　）。

　1　悪天候のため来週に延期となった　　　2　30分ぐらい遅れて始まった
　3　プログラムが追加された　　　　　　　4　寸分の狂いもなく行われた

9（パソコンを使いながら）

A：「ねえ、この前教えてあげたエクセル機能、使ってみた？」
B：「うん。今まであんなに時間をかけてたのが（　　　）簡単に計算とグラフ作成ができたよ。」
A：「でしょ。パソコンのことなら任せてよ。」

　1　ばかばかしい思いをするくらい
　2　ばかばかしく思えるもので
　3　ばかばかしく思えるくらい
　4　ばかばかしい思いをするもので

10 今回の事故で死亡者３０名、負傷者６０名の犠牲者を出したことは誠に遺憾に（　　　）。

1 たえます
2 たえません
3 こたえません
4 たりません

問題6．次の文の ＿★＿ に入る最もよいものを、1、2、3、4から一つ選びなさい。

11 顧客の住所や電話番号などは、プライバシー ＿＿＿ ＿＿＿ ＿★＿ ＿＿＿ 取り扱うように。

1 くれぐれも
2 慎重に
3 にかかわる
4 情報だから

12 この映画は刑務所で行われた ＿＿＿ ＿★＿ ＿＿＿ ＿＿＿ を描いている。

1 囚人たち
2 ミュージカル公演
3 脱獄する
4 にかこつけて

13 うちの妻は自然食の店とかゴルフとか、そんなこと ＿＿＿ ＿＿＿ ＿★＿ ＿＿＿ 何にもしない。

1 家の
2 かまけて
3 ばかりに
4 ことは

14 メジャーリーグで最高の活躍を見せてくれている彼の実力を見れば、陰でいかに ＿＿＿ ＿★＿ ＿＿＿ ＿＿＿ ない。

1 想像に
2 したかは
3 かたく
4 努力を

15 こんなに面白い想像画は、＿＿＿ ＿＿＿ ★ ＿＿＿ 初めて描けるのだ。

　　1 発想力豊かな　　　　2 あどけなくて
　　3 子供　　　　　　　　4 にして

16 彼はプロサッカー選手＿＿＿ ★ ＿＿＿ ＿＿＿ でもあった。

　　1 かつ　　　　　　　　2 にして
　　3 クリスチャン　　　　4 敬虔（けいけん）な

17 今年の年末ボーナス支給額は、売上不振（ふしん）が続く＿＿＿ ★ ＿＿＿ ＿＿＿ 減という見通しです。

　　1 前年比　　　　　　　2 即して
　　3 現状に　　　　　　　4 1割

18 最近の深夜のテレビ番組の中には ＿＿＿ ＿＿＿ ★ ＿＿＿ ものが多々（たた）ある。

　　1 あまりにも　　　　　2 堪えない
　　3 見るに　　　　　　　4 わいせつで

19 彼は今度の国際科学オリンピックで ＿＿＿ ＿＿＿ ★ ＿＿＿ を得た。

　　1 に足る　　　　　　　2 満足
　　3 十分　　　　　　　　4 結果

20 彼女が抱えている悩みに比べたら、＿＿＿ ★ ＿＿＿ ＿＿＿ くらい小さなものに過ぎません。

　　1 足らない　　　　　　2 こんな
　　3 取るに　　　　　　　4 のは

問題7．次の文章を読んで、21 から 25 の中に入る最もよいものを、1・2・3・4から一つ選びなさい。

税金は安い 21 。教育から福祉まで、公共サービスは手厚くしてほしい。その費用の負担は、少なければ少ないほど良い。そう考えるのは自然だろう。 22 、国や地方自治体が必要とする財源は、誰かが負担しなければならない。誰もが受益者となる高齢社会での社会保障の財源は、みんなが広く薄く負担する消費税に求めた方が不公平感が少なく、「よりましな税制(ぜいせい)」だと考えたからだ。

あるべき税制を考える際に大切な「公平」の概念(がいねん)は、 23 。戦後しばらくは、所得税中心主義が公平だと思われていた。所得の多い少ないが、そのまま貧富の差を表したためだ。高度成長の中で、土地や建物、証券や預貯金など資産を持つ人が増え、所得だけが貧富の基準とはならなくなった。全体として豊かになった日本で、公平な税制を求めるとすれば、それは、所得、資産と消費それぞれへの課税の、バランス良い 24 だろう。

これから少子化・高齢化が一層(いっそう)進む。所得税や社会保険料に頼りすぎると、多数の高齢世代の面倒を、 25 がみることになる。行き過ぎれば、経済・社会の活力をそいでしまう。高齢化が進むにつれ、消費税の役割が大切になると、考えるゆえんだ。

21　1 にかこつけて　　　2 に限ったことではない
　　3 にかまけて　　　　4 に越したことはない

22　1 なにぶん　　　　　2 しかし
　　3 さも　　　　　　　4 さながら

23 　1 一年ごとに変わる　　2 月に一回ずつ変わる
　　　3 時代によって変わる　4 時々刻々と変わる

24 　1 組み合わせ　　2 組み立て
　　　3 取り込み　　　4 取り分け

25 　1 より少なくなる現役からの引退者たち
　　　2 より少なくなる現役の勤労世代
　　　3 より多くなる現役の勤労世代
　　　4 より多くなる現役からの引退者たち

 PART 8. 정답

問題5	**1**	4	**2**	4	**3**	1	**4**	3	**5**	2
	6	1	**7**	2	**8**	4	**9**	3	**10**	2
問題6	**11**	3412	**12**	2431	**13**	3214	**14**	4213	**15**	2134
	16	2143	**17**	3214	**18**	1432	**19**	3214	**20**	2431
問題7	**21**	4	**22**	2	**23**	3	**24**	1	**25**	2

PART 9

> 「~에 그치지 않고, ~뿐만 아니라」

076 ~にとどまらず(~も / でも / にも / まで)

【~에 그치지 않고, ~로 끝나지 않고, ~뿐만 아니라】

접속 명사(である) / な형용사-보통형·어간 / い형용사-보통형 / 동사-보통형

핵심 「~뿐만 아니라 더욱더」라는 의미로, 범위가 거기에 그치지 않고 더욱더 넓어지는 것을 나타내는 표현이다. 전건에 정도가 낮은 것을 먼저 들고 후건에는 다른 것을 부가적으로 표현한다. 그러므로, 후건에는 「~も·~でも·~にも·~まで」나 「あらゆる·さまざまな~」등의 표현이 오는 경우가 많다. 【~にとどまらず】는 【~ばかりでなく(~뿐만 아니라)】〈N2문형〉과 용법상의 차이는 없다.

✐ 止まる·留まる : (어느 범위 안에서) 그치다, 멈추다. 〈자〉

例) そのアイドルグループは、国内にとどまらず、海外でも活躍している。
그 아이돌 그룹은 국내에 그치지 않고[뿐만 아니라], 해외에서도 활약하고 있다.

例) そのアニメは、子供や若者にとどまらず、大人にも大人気だ。
그 애니메이션은 아이들과 젊은이들에 그치지 않고[뿐만 아니라], 어른들에게도 큰 인기다.

例) 円安や原材料価格高騰の影響は、製造業にとどまらず、さまざまな分野に及んでいる。
엔저와 원재료 가격상승의 영향은, 제조업에 그치지 않고[뿐만 아니라] 여러 분야에 미치고 있다.

例) 就職支援センターでは、単に就職情報を提供するにとどまらず、学生の将来やライフスタイルもサポートしています。
취직 지원센터에서는 단지 취직정보를 제공하는 데에만 그치지 않고, 학생의 장래나 라이프스타일도 서포트하고 있습니다.

「~에 이르다 / ~에 오르다」

077 ~に上(のぼ)る

① 【~에 달하다, ~에 이르다】 〈수량의 강조〉
② 【~에 오르다】 〈화제〉

접속 명사

핵심 ① 「수사」나 「~以上 / ~の数(すう)」에 접속하여, 수량이 상당히 많다는 기분을 강조하는 표현이다.
② 어떤 것을 특별히 거론하여 화제로 삼는 표현이다.

例) 今朝(けさ)のニュースによると、独立(どくりつ)を求(もと)める少数民族(しょうすうみんぞく)のデモ隊(たい)と鎮圧軍(ちんあつぐん)の衝突(しょうとつ)で、数百人(すうひゃくにん)に上る死傷者(ししょうしゃ)が出(で)たそうだ。

오늘 아침 뉴스에 의하면, 독립을 요구하는 소수민족의 시위대와 진압군의 충돌로, 수백 명에 이르는 사상자가 나왔다고 한다.

例) 今回(こんかい)の東日本大震災(ひがしにほんだいしんさい)による日本経済(にほんけいざい)の被害額(ひがいがく)は、8兆(ちょう)2000億円(おくえん)にも上るとのことだ。

이번 동일본 대지진에 의한 재해로 일본경제의 피해액은, 8조 2000억 엔이나 이른다고 한다.

例) 最近(さいきん)、アメリカやヨーロッパでもK-POPが話題(わだい)に上っている。

최근에 미국과 유럽에서도 K-POP이 화제에 오르고 있다.

例) 年金(ねんきん)・介護(かいご)・医療(いりょう)など、日本(にほん)の重要課題(じゅうようかだい)の議論(ぎろん)では、必(かなら)ずと言(い)って良(い)いほど「団塊(だんかい)の世代(せだい)」が話題(わだい)[議題(ぎだい)]に上る。

연금·간호·의료 등 일본의 중요과제 의논에서는, 반드시라고 해도 괜찮을 정도로 「단카이 세대」(베이비 붐 시대에 태어난 세대)가 화제[의제]에 오른다.

例) 有名芸能人(ゆうめいげいのうじん)のスキャンダルが人々(ひとびと)の口(くち)に上っている。

유명 연예인의 스캔들이 사람들의 입에 오르고 있다.

「~할 것까지도[는] 없다」 시리즈

078 ~까でもない / ~までもなく

【~할 것(까지)도 없다, ~할 필요도 없다 / ~할 것(까지)도 없이, ~할 필요도 없이】
☞ 그 이상은 필요 없다·그렇게 해도 보람이 없고 허사다 ☜

접속 동사-기본형
핵심 「~할 필요는 없다」라는 의미로, 「필요 없다·보람없고 허사다」라는 화자의 기분이 내포되어 있다. 지금 이대로로 충분하며,《그 이상의 것은 필요 없다·그렇게 해도 보람이 없고 허사다》라는 판단을 나타낸다.

例) こんな擦り傷で、病院に行くまでもない。
이런 찰과상으로 병원에 갈 필요도[것까지도] 없다.

例) 今や情報化時代、家に居ながらにして世界中の情報が得られる。わざわざ現地に行くまでもない。
지금은 정보화시대, 집에 있으면서 전 세계 정보를 얻을 수 있다.
일부러 현지에 갈 필요도[것까지도] 없다.

例) そんなことは調べるまでもなく、常識で判断できることだ。
그런 것은 조사할 필요도[것까지도] 없이, 상식으로 판단할 수 있는 일이다.

例) 言うまでもなく、日本は四方を海に囲まれた島国である。
말할 필요도[것도] 없이, 일본은 사방이 바다로 둘러싸인 섬나라이다.

~に(は)当たらない

【(그 정도의 일로) ~할 것까지(는) 없다, ~할 정도는 아니다】
☞ 당연한 일 ☜

접속 명사 / 동사-기본형

핵심 「~할 필요는 없다」라는 의미로, 「당연하다」라는 화자의 기분이 내포되어 있다. 「~に当たる(~에 상당하다)」라는 뜻에서 파생된 문형 「~に(は)当たらない」는 「~할 정도의 큰 문제는 아니다·~하지 않아도 좋다」라는 의미를 나타낸다. 상대가 과도하게 반응하고 있는 것에 대해서, 「당연한 일이니 그렇게까지 할 필요는 없다」라고 권고·조언하는 표현이다.

  * 유사표현에는, 「~ほどのことではない(~할 정도의 일은 아니다)·~までもない(~할 것까지도 없다)·~には及ばない(~할 것까지는 없다)」 등이 있다.

例) その程度のことで驚く[怒る]には当たらない。
그 정도의 일로 놀랄[화낼] 것까지는 없다.

例) 元々底力のあるチームなので、今回の優勝も驚くには当たらない。
원래 저력이 있는 팀이니까 이번 우승도 놀랄 것까지는 없다.

例) 彼女の才能は小学生のころから注目されていた。15歳で金メダルを取ったからといって驚くには当たらない。
그녀의 재능은 초등학생 시절부터 주목 받았다. 15살에 금메달을 땄다고 해서 놀랄 것까지는 없다.

例) 私の考えでは、彼女の行為は非難されるには当たらないと思う。
내 생각으로는 그녀의 행위는 비난 받을 만한 정도는 아니라고 생각한다.

~に(は)及ばない

【~할 것까지는 없다, ~할 필요는 없다】
☞ 아직 필요한 상황이 아니다 ☜

접속 명사·それ / 동사-기본형

핵심 「~할 필요는 없다」라는 의미로, 「아직은 괜찮다」라는 화자의 기분이 내포되어 있다. 상대나 주위의 걱정·배려에 대해서, 「아직 그렇게까지 하지 않아도 괜찮다」라고 전하는 표현이다.

✐ 及ぶ : 이르다, 미치다, 달하다. 〈자〉

例) ご心配には及びません。
日常的に筋トレをやっていて、体はけっこう丈夫な方なんです。

걱정하실 필요는 없습니다. 트레이닝을 일상화하고 있기 때문에 몸은 꽤 튼튼한 편입니다.

例) A : 「駅までお送りします。」
B : 「いえ、それには及びません。駅まで近いですから。」

A : 「역까지 모셔다 드리겠습니다」
B : 「아니요, 그럴 필요는 없습니다. 역까지 가까우니까요」

例) わざわざお越しになるには及びません。電話で結構です。

일부러 오실 것까지는 없습니다. 전화로 충분합니다[됩니다].

「~은 말할 것도 없이」

079 ~は言うに及ばず / ~は言うまでもなく

【~은 말할 것도 없고[없이]】〈+ · -〉

~はおろか

【~은커녕, ~은 고사하고】〈-〉

접속 명사 /
명사-な / な형용사-な / い형용사-보통형 / 동사-보통형+の

핵심 ① 「Aは言うに及ばずB / Aは言うまでもなくB」는, 「A는 말할 것도 없고[물론], 더욱더[더 한층·보다 더] B도」라는 뜻으로, 우선 정도가 낮은 A를 먼저 들고 그것보다 정도가 높은 B를 나중에 서술한다. 「~も(도) / ~さえ(조차) / ~まで(까지)」 등의 강조하는 말과 함께 사용되는 경우가 많다.

② 「AはおろかB」는, 「A는 물론, Bも(도) / さえ(조차) / すら(조차) / まで(까지) ~」라는 의미이다. 후건에는 「~無い(없다)·~ない(않다)·少ない(적다)」 등, 부정적인 사항을 서술한다. 보통 레벨 A를 먼저 들고 그것보다 정도가 낮은 B를 나중에 서술한다.

* 이 문형들은 【~はもちろん·~はもとより(~은 물론) / ~ばかりでなく·~ばかりか(~뿐만 아니라) / ~にとどまらず(~에 그치지 않고, ~뿐만 아니라)】와도 거의 비슷한 문형이다.

* 「~は言うに及ばず / ~は言うまでもなく」는 플러스 평가·마이너스 평가 문장에 모두 사용할 수 있는 반면, 「~はおろか」는 마이너스 평가 문장에서만 사용할 수 있다.

例) 彼女は英語は言うまでもなく、スペイン語も堪能だ。
그녀는 영어는 말할 것도 없고 스페인어도 뛰어나다.

例) 国際交流会は、楽しかったのは言うまでもなく、
異文化理解の勉強にもなった。
국제 교류회는 즐거웠던 것은 말할 것도 없고, 이문화를 이해할 수 있는 공부도 되었다.

例) 言うまでもなく、納税は国民の義務です。

말할 것도 없이 납세는 국민의 의무입니다.

例) 巨大な津波は家や財産は言うに及ばず、
多くの尊い命まで一瞬のうちに奪い去った。

거대한 해일은 집과 재산은 말할 것도 없고, 많은 소중한 생명까지 한순간에[순식간에] 빼앗아 갔다.

例) 最近、女性は言うに及ばず、男性も化粧をするようになってきた。

요즘 여성은 말할 것도 없고 남성도 화장을 하게 되었다.

例) 寮には、クーラーはおろか、扇風機もなかった。

기숙사에는 냉방장치는커녕[고사하고] 선풍기도 없었다.

例) 彼女は挨拶はおろか、目さえ合わせてくれない。

그녀는 인사는커녕[고사하고] 눈조차 마주쳐 주지 않는다.

例) 父は頭をぶつけてしまい、しばらくの間、住所はおろか、
自分の名前まで忘れていた。

아버지는 머리를 부딪혀서, 얼마 동안 주소는커녕[고사하고] 자기 이름까지 잊고 있었다.

* 彼は敬語は言うまでもなく、簡単な日本語もできる。 <×>

그는 경어는 말할 것도 없고 간단한 일본어도 할 줄 안다.

〈경어(高) - 간단한 일본어(低)〉

* その子はまだ5歳なのに、足し算はおろか、掛け算もできる。 <×>

그 아이는 아직 5살인데, 덧셈은커녕[고사하고], 곱셈도 할 줄 안다. 〈플러스평가×〉

～は言わずもがな

【～은 말할 것도 없고[없이]】

접속 명사 /
명사-な / な형용사-な / い형용사-보통형 / 동사-보통형 ＋の

핵심 「～は言うまでもなく / ～は言うに及ばず」의 고어체이다.
- もがな : ～(하고) 싶구나, ～(면) 좋으련만. 〈종조사〉
- 言わずもがな : 말할 것도 없이, 물론.

例) 国内は言わずもがな、外国にまで知られている。
국내는 말할 것도 없고[물론] 외국에까지 알려져 있다.

例) 彼女は英語は言わずもがな、ドイツ語もできる。
그녀는 영어는 말할 것도 없고[물론] 독일어도 할 줄 안다.

「～와는 반대로, ～와는 달리」

080 ～にひきかえ

【～와는 반대로, ～와는 달리】〈정반대의 두 가지 사항·주관적〉

접속 명사 / それ /
な형용사-보통형·な / い형용사-보통형 / 동사-보통형 ＋ の

핵심 대조적인 성질을 갖는 2개를 들어서, 대비시키는 표현이다. 한쪽을 플러스, 다른 한쪽을 마이너스로 평가해서 「A와는 반대로, B는 ～다」라고 《정반대되는 두 가지 사항》을 《주관적》인 기분을 담아서 대비시킬 때 사용한다. 마이너스 평가를 한 것에 대해서는 불만의 감정, 비난이나 불평 등의 표현이 되는 경우가 많다.

＊ 유사표현인 【～に対して(～에 대해서)】〈N2〉는,《정반대되는 두 가지 사항》을 중간적이고 《객관적》인 입장에서 냉정하게 대비시킬 때 사용하는 표현이다.
- 引き替える : 바꾸다, 교환하다, 상환하다. 〈타〉

例) 真面目で大人しい兄にひきかえ、弟の方はやんちゃでいつもふざけて
ばかりいる。

성실하고 얌전한 형과는 반대로, 동생은 개구쟁이이고 항상 까불기만 하고 있다.

〈형 ⇔ 동생〉 / 〈주관적〉

例) 猛暑と水不足による米不作だった去年にひきかえ、
今年は豊作が予想されている。

혹서와 물부족으로 인한 쌀 흉작이었던 작년과는 달리, 올해는 풍작이 예상되고 있다.

〈작년 ⇔ 올해〉 / 〈주관적〉

例) 我が家では、父が頑固なのにひきかえ、母はとても考え方が軟らかい。

우리 집에서는 아버지가 완고한 것과는 반대로, 어머니는 사고방식이 매우 유연하다.

〈아버지 ⇔ 어머니〉 / 〈주관적〉

例) S社の新製品の売り上げは、鰻登りに伸びている。それにひきかえ、
我が社の新製品は開発が遅れたため売り上げが低迷している。

S사의 신제품 매상은 쭉쭉 늘고 있다. 그와는 반대로, 우리 회사의 신제품은 개발이 늦어져서
매상이 저조하다. 〈S사 ⇔ 우리 회사〉 / 〈주관적〉

* 田舎では人口が減り続けているのに対して、
都市では人口がどんどん増えている。

시골에서는 인구가 계속 줄어들고 있는 것에 대해서 [것과는 대조적으로],
도시에서는 인구가 계속 증가하고 있다. 〈시골 ⇔ 도시〉 / 〈객관적〉

「～보다도 (더)」

081 ～にもまして

【～보다도 (더), ～이상으로】

접속 명사

핵심 「～도 그렇지만, 그 이상으로」라는 의미이다. 어느 특징적인 것에 대해서 그 수량이나 정도가 《한층 더 증가》된 것을 나타낸다. 「의문사(いつ・どこ・だれ・なに) + にもまして」의 형태로도 사용되며, 각각 「(いつ・どこ・だれ・なに) + よりも」의 의미가 된다. 즉, 「어느 때보다도・어디보다도・누구보다도・무엇보다도」의 의미이다.

✎ 増す: 늘다, 붇다, 불어나다, 많아지다. 〈자〉 // 늘리다, 불리다, 더하다. 〈타〉

例) 彼女は以前にもまして綺麗になった。
그녀는 이전보다 더 예뻐졌다.

例) 今日のラーメンはいつにもまして辛く、いつにもまして美味しい気がする。
오늘의 라면은 어느 때[평소]보다도 더 맵고, 어느 때[평소]보다도 더 맛있는 것 같다.

例) 幸福であるためには、何にもまして「健康であること」が、第一条件である。
행복하기 위해서는 무엇보다도 「건강한 것」이 제1조건이다.

例) 今年は、昨年にもまして台風が多い。
올해는 작년보다도 더 태풍이 많다.

例) 会社を選ぶ時は現在の業績も大事だが、それにもまして将来性が重要だ。
회사를 선택할 때는 현재의 업적도 중요하지만, 그보다 더 장래성이 중요하다.

「~하느니 어쩌느니 / 너무 ~해서」

082 ~の何のと

① 【~하느니 어쩌느니】〈열거〉

~の何の(って)

② 【너무[매우] ~해서】〈강조〉

접속 な형용사-な / い형용사-기본형 / 동사-보통형

핵심 ① 주로 좋지 않은 내용(좋은 내용에 쓰이는 경우도 있음)을 《열거》할 때 사용하는 표현이다.

② 「너무[매우] ~다 / 놀랄 정도로 ~다」라는 의미로, 감탄이나 놀람·의외감을 《강조》해서 말하는 구어체 표현이다.

＊ 가까운 사람끼리의 회화에서는 주로 「~の何のって」의 형태로 사용된다.

例) あの客はさっきからサービスが悪すぎるのなんのと、文句ばかり言っている。
저 손님은 아까부터 서비스가 너무 나쁘다느니 어쩌느니, 불평만 하고 있다. 〈열거〉

例) 彼はいつも具合が悪いのなんのと、理由をつけてばかりいる。
그는 항상 상태가 안 좋다느니 어쩌느니 핑계만 대고 있다. 〈열거〉

例) もう寒いのなんの(って)、指先が痛い。
정말이지 너무도 추워서 손가락 끝이 아프다. 〈강조〉

例) トカゲを見て、驚いたのなんの(って)、腰を抜かした。
도마뱀을 보고 너무 놀라서 기겁을 했다. 〈강조〉

例) 痛いのなんの(って)、涙が出た。
너무나 아파서 눈물이 났다. 〈강조〉

「~도 물론이거니와, ~도 그렇지만」

083 ~もさることながら(~が / ~も)

【~도 물론이거니와 (또), ~도 무시할 수 없지만, ~도 그렇지만 그뿐 아니라 ~도】
A ≪ B (비교문형)

접속 명사

핵심 「AもさることながらB」는 「A도 물론 그렇지만, B가 더 중요하지 않을까요」라고, 상대의 생각(A)에 대해 자기의 의견(B)에 중점을 두어 완곡하게 표현하는 《비교문형》이다. 상대가 손윗사람이거나 해서 상대의 생각(A)를 직접적으로 부정하는 것이 꺼려질 때 쓰이는 경우가 많다.

* 「Aよりも、(むしろ)Bの方がいい」를 써서 나타낼 수도 있지만, 어감은 상당히 다르다.

✎ 然る事 : 당연한 일 / 말할 것도 없는 일.

例) 進路問題は、親の希望もさることながら、
やっぱり本人の気持ちが最優先ではないでしょうか。
진로 문제는 부모님의 희망도 무시할 수 없지만, 역시 본인의 마음이 최우선이 아닐까요?
(부모님의 희망 ≪ 본인의 마음)

例) 大学の4年間では、専門科目の勉強もさることながら、
社会人になるための基礎的な教養も身に付けてほしい。
대학 4년간은 전공과목 공부도 물론이거니와, 사회인이 되기 위한 기초적인 교양도 익히기를 바란다.
(공부 ≪ 교양)

例) あの歌手はダンスもさることながら、情感溢れる歌唱力が圧巻だ。
저 가수는 춤도 물론 잘추지만, 정감 넘치는 가창력이 압권이다. (댄스 ≪ 가창력)

例) 日本料理は味もさることながら、芸術性を感じさせる盛り付けが美しい。
일본 요리는 맛도 물론이거니와, 예술성을 느끼게 하는 보기 좋게 담은 것이 아름답다.
(맛 ≪ 보기 좋게 담음)

* お金よりも命の方が大切です。
돈보다도 목숨이 중요합니다. 〈직접적·단정〉

* お金もさることながら、命はもっと大切ではないでしょうか。
돈도 중요하지만, 목숨은 더 중요하지 않을까요? 〈간접적·완곡〉

「~은 제쳐두고, ~은 접어두고」

084 ~はさておき / ~はさておいて

【~은 제쳐두고, ~은 잠시 덮어두고, ~은 잠시 접어두고】

접속 명사

핵심 「~는 지금은 옆에 두고」라는 의미로, 「지금은 화제로 삼지 않는다 / 화제로부터 제외하다[제쳐놓다] / 생각하지 않는다」라는 뜻을 나타낸다. 유사표현인 「~はともかく(として)」〈N2문형〉는 앞뒤 내용을 〈비교〉하여 뒤의 내용에 중점을 두는 느낌인 데 반해, 「~はさておき」는 앞의 내용을 언급하지 않고 〈예외〉로 하는 느낌으로 쓰인다.

✎ さて置く: 어떤 일을 일단 그대로 두다, 잠시 제쳐 놓다. 〈타〉

例) 前置きはさておき、早速、今回のテーマに入りましょう。
서론은 제쳐두고 당장[바로] 이번 테마로 들어갑시다.

例) 冗談はさておき、今後どうするかを真剣に考えてみよう。
농담은 잠시 접어두고 앞으로 어떻게 할지를 진지하게 생각해 보자.

例) 責任が誰にあるのかはさておき、今は今後の対策を講じるべきだ。
책임이 누구에게 있는지는 잠시 제쳐두고, 지금은 앞으로의 대책을 강구해야만 한다.

例) 何はさておき、とりあえず乾杯！
딴 일은 제쳐놓고[어쨌든] 우선 건배!

「～までだ」시리즈

085 ～ば[たら]それまでだ

【～하면 그것으로 끝이다, ～하면 모든 일이 수포로 돌아간다】

접속 동사-ば형·たら형 / い형용사-ば형·たら형

핵심 「만약 ～하면[되면], 그것으로 전부 끝이다 / 모두가 허사다」라는 의미이다. 「지금까지의 노력과 성과도 단 그 하나의 일 때문에 무의미하게 되어 버린다」라는 허무함과 포기의 기분을 나타낸다. 듣는 사람에게 「그렇게 되지 않도록 제대로 해라」라고 《충고》하거나 《격려》할 때 사용된다.

例) どんなことがあっても、自殺してはいけない。
一度だけの人生、死んでしまえばそれまでだ。

어떤 일이 있어도 자살해서는 안 된다. 한 번뿐인 인생 죽어 버리면 그것으로 끝이다.

例) いくら億万長者であっても、死んでしまえばそれまでだ。

아무리 억만장자라도 죽어 버리면 그것으로 끝이다.

例) どんなに性能の良い辞書を持っていても、
使い方が分からなければそれまでだ。

아무리 성능이 좋은 사전을 가지고 있어도, 사용법을 모르면 그것으로 끝이다.

例) この機会を逃したらそれまでだ。
もう二度とこんな幸運は巡ってこないだろう。

이 기회를 놓치면 그걸로 끝이다. 이제 두 번 다시 이런 행운은 돌아[찾아]오지 않을 것이다.

~まで(のこと)だ

① 【~하면 된다, ~하면 그만이다】〈결의·의지〉
② 【(단지) ~했을 뿐이다, ~한 것 뿐이다】〈이유·사정〉

접속 ① 동사-기본형
② 동사-과거형

핵심 ① 「현재의 방법이 안 되어도 낙담할 일은 없다. 다른 방법을 취하면 된다」라는, 화자의 《결의·의지》를 나타낸다.
② 「화자가 그런 행동을 한 것은 단순히 그것만의 이유로 다른 뜻은 없다」라는, 《사정·이유》를 강조하는 표현으로 변명을 할 때 자주 사용한다.

例) 上司と意見が全く合わなければ、会社を辞めるまで(のこと)だ。
상사와 의견이 전혀 안 맞으면, 회사를 그만두면 된다[그만이다].

例) もし試験に落ちたら、来年もう一度受けるまで(のこと)です。
만약에 시험에 떨어지면, 내년에 한 번 더 보면 됩니다[그만입니다].

例) 彼に断られれば諦めるしかない。他の適任者を探すまで(のこと)だ。
그에게 거절당하면 포기할 수밖에 없다. 다른 적임자를 찾으면 된다[그만이다].

例) 終バスに乗り遅れたら、歩いて帰るまで(のこと)だ。
막차를 놓치면 걸어서 가면 된다[그만이다].

例) 私の言葉に特別な意味はない。
ただ、彼女を慰めるつもりで言ったまで(のこと)だ。
내 말에 특별한 의미는 없다. 단지 그녀를 위로할 생각으로 말했을 뿐이다.

例) うちはオーナーの指示通り仕事をやったまで(のこと)です。
우리는 오너의 지시대로 일을 했을 뿐입니다.

例) 記者として正直で率直な感想を言ったまでで、他意はないです。
기자로서 정직하고 솔직한 감상을 말했을 뿐이며, 다른 뜻은 없습니다.

09 연습문제

問題5. 次の文の(　)に入れるのに最もよいものを、1、2、3、4から一つ選びなさい。

1（電話で）

木村：「あ、井上先生でいらっしゃいますか。A出版の木村でございますが、今から原稿をいただきに伺ってもよろしいでしょうか。」

井上：「すみません。もう少し時間かかりそうですが、あと3日ほど（　　　）。」

1　待たせていただくことにしましょうか　　2　待っていただくわけにはいきませんか
3　待っておいでになります　　　　　　　4　お待ち申し上げております

2 昨日の取締役会で彼の株式の没収の件が議題に（　　　）。

1　上った　　　　　　　　　　　　　　2　登った
3　昇った　　　　　　　　　　　　　　4　挙った

3 A：「石田先生の作品は、どういうところが魅力ですか。」

B：「そうですね。私にとって先生の作品は、見ているだけでも心が落ち着く（　　　）、そんな穏やかな雰囲気があって、好きなんです。」

1　というでしょうから　　　　　　　　2　といいませんか
3　といいましょうか　　　　　　　　　4　というでしょうが

4 この程度のことで、わざわざお越しになる（　　　）のに。

1　に越したことはありません
2　に限ったことではありません
3　べきではありませんでした
4　には及びませんでした

5 この地球上には、電気、ガスはおろか(　　　)。

1 水が出るだけましだ

2 安全設備もちゃんと整っている

3 水道さえない生活をしている人々がまだまだたくさんいる

4 電気やガスを燃料とする車も走っている

6 A社は新製品が好評で売上が伸びている。それにひきかえ、(　　　)。

1 我が社の売上は前年比0.1%増とほぼ横這(よこば)い状態が続いている

2 我が社は鰻登りに売上を上げ続けている

3 我が社は新製品の開発が遅れて、経営が悪化している

4 我が社の売上はA社の売上と比例している

7 あの店のチーズケーキは旨いのなんのって(　　　)。

1 食事も喉を通らないほどだった　2 ほっぺたが落ちるくらいだ

3 喉もと過ぎれば熱さ忘れる　　　4 ほっぺたをつねるくらいだ

8 お客様、ご希望の便は既に満席となっておりまして予約できない状況でございます。申し訳ございませんが、他の便にご変更(　　　)のですが・・・。よろしいでしょうか。

1 ねがいたい　　　　2 になりたい

3 くださりたい　　　4 なさりたい

9 これこそ千載一遇(せんざいいちぐう)の好機、このチャンスを逃(のが)せば(　　　)だ。

1 それだけ　　　　2 そればかり

3 それまで　　　　4 それほど

10 特に用はない。ただ、元気かどうか君の安否が気になって電話してみた(　　　)だ。

1 まい　　　　2 まし

3 まだ　　　　4 まで

問題6. 次の文の ★ に入る最もよいものを、1、2、3、4から一つ選びなさい。

11 学歴重視社会は、子供の生活から ____ ____ ★ 歪(ゆが)めてしまう。

　　1 奪う　　　　　　2 にとどまらず
　　3 子供らしさを　　4 社会全体を

12 ヤミ金(きん)から借りた借金は積もりに積もって、____ ★ ____ ____ いる。

　　1 含めて　　　　　2 利息(りそく)を
　　3 上って　　　　　4 600万円にも

13 一度や二度大学受験に ____ ____ ★ ____ 当たらない。俺なんか五浪(ごろう)さ。

　　1 には　　　　　　2 落胆する
　　3 からって　　　　4 失敗した

14 今回のテロ事件で国内のテレビや新聞 ____ ★ ____ ____ メディアまで押し寄せてきた。

　　1 外国の　　　　　2 言うに
　　3 及ばず　　　　　4 週刊誌は

15 昔の若者がよく本を ____ ____ ★ ____ 若者は活字離れ現象が著しく、スマホやタブレットに親しんでいる。

　　1 読んだ　　　　　2 の
　　3 今の　　　　　　4 にひきかえ

16 この映画はストーリーも映像も良かったけど、＿＿ ★ ＿＿ ＿＿ テーマソングです。

　　1 それ　　　　　　　2 にもまして
　　3 素晴らしかった　　4 のは

17 彼は条件が悪い＿＿ ＿＿ ★ ＿＿ なかなか引き受けようとしない。

　　1 つけて　　　2 の
　　3 なんのと　　4 口実を

18 最近は、国境をめぐる紛争や核実験の＿＿ ★ ＿＿ ＿＿ も多くの人の注目を集めている。

　　1 問題も　　2 ながら
　　3 さること　　4 人権問題

19 わが社では、どんなに奇抜で斬新なアイディアを＿＿ ＿＿ ★ ＿＿ までだ。

　　1 それ　　　　　2 反対すれば
　　3 社長が　　　　4 出しても

20 たとえ会社のためでも、違法なことはしたくないんだ。どうしてもって＿＿ ★ ＿＿ ＿＿ のことだ。

　　1 まで　　　　　2 辞める
　　3 命令されたら　4 会社を

問題7．次の文章を読んで、21から25の中に入る最もよいものを、1・2・3・4から一つ選びなさい。

葬式（そうしき）といえば昔からお金がかかるものと決まっていた。ところが２０１０年ぐらいから遺体を火葬にする以外儀式は何もしないという「直葬（ちょくそう）」を選ぶ人が増えつつある。ある葬儀社（そうぎしゃ）ではそれが４割にも 21 と言う。以前から１００万以上のお金をお寺に 22 とか、葬式の祭壇（さいだん）費用が最低ランクから最上級まであって、せめて並にしてやりたいという遺族の気持ちを逆手に取って(注1)いるのではないかとの声があった。それが「直葬」だとその１割か２割の金額で全てが賄（まかな）えてしまう。

23 (a)の増加の原因は不況のせいもあるだろう。しかしお金の問題だけではない。どんなにお金がなくても、極端な場合は借金してでも葬儀は行われていた。葬儀は死者のためでもあるが、同時に残された人のためでもあるからだ。宗教的な面もあるけれど、お付き合いの面も重要なのだ。

以前は社員の葬式というと、会社が面倒を見てくれることが少なくなかった。 24 会社も今では社員の個人的生活には立ち入らないようになった。本当に親しい人や親戚だけで行う 23 (b)が人気であることからも、死が個人のものになり死の悼（いた）み方(注2)も多様になっていることがわかる。今後 25 。

(注1) 逆手（さかて）に取る：通常の方法とは逆の方法で対処する。逆利用する。
(注2) 悼（いた）む：人の死を悲しみなげく。

21　1 昇る　　　　2 挙る
　　3 上る　　　　4 登る

22　1 収めた　　　2 納めた
　　3 治めた　　　4 修めた

23 　1 (a) 直葬 / (b) 家族葬　　2 (a) 火葬 / (b) 直葬
　　　　3 (a) 家族葬 / (b) 直葬　　4 (a) 直葬 / (b) 火葬

24 　1 日増しに　　　　　　2 要するに
　　　　3 しかし　　　　　　　4 断じて

25 　1 も家族葬が人気1位を占めるだろう
　　　　2 も直葬がほとんどになるだろう
　　　　3 は葬儀社はつぶれてしまうだろう
　　　　4 もこの傾向は変わらないだろう

PART 9. 정답

問題5	1	2	2	1	3	3	4	4	5	3
	6	3	7	2	8	1	9	3	10	4
問題6	11	3124	12	2143	13	4321	14	4231	15	1243
	16	1234	17	2341	18	1324	19	4321	20	3421
問題7	21	3	22	2	23	1	24	3	25	4

| PART 10 |

「~한 바람에, ~한 순간에」시리즈

086 ~弾(はず)みに / ~拍子(ひょうし)に

【~한 순간에, ~한 바람에, ~한 결에】〈계기·원인〉

접속 명사-の / 동사-과거형

핵심 「어떤 동작의 여세로, (그만 / 무심코 / 우연히) 예상치 못한 일이나 의도하지 않은 일이 일어날 때」사용한다. 어떤 작은 일이 우연히《계기·원인》이 되어서, 어떤 사건·사태를 일으키는 상황을 나타낸다. 후건에는 전건의 사항과 연속성을 갖는 동작이나 변화가 서술된다.

- 弾(はず)み : 탄력 / 여세, 기세, 힘. 〈명〉
- 拍子(ひょうし) : 박자, 장단, 가락. 〈명〉

例) 電車(でんしゃ)がぐらっと揺(ゆ)れた弾みに、座(すわ)ってた人(ひと)の足(あし)を踏(ふ)んでしまった。
전철이 갑자기 기우뚱하며 흔들린 바람[순간]에, 앉아 있던 사람의 발을 밟고 말았다.

例) クシャミをした弾みに、ぎっくり腰(ごし)になってしまった。
재채기를 한 바람[순간]에 허리를 삐끗했다.

例) 酔(よ)った弾みに、彼女(かのじょ)に告白(こくはく)してしまった。
취한 바람에 그녀에게 고백을 하고 말았다.

例) バスが急(きゅう)ブレーキをかけた拍子に、
立(た)っていた乗客(じょうきゃく)たちは前(まえ)へ将棋倒(しょうぎだお)しになった。
버스가 급정거를 한 바람[순간]에, 서 있던 승객들은 장기알 넘어지듯 앞으로 우르르 쓰러졌다.

例) 転(ころ)んだ拍子にメガネが飛(と)んでしまった。
넘어진 바람[순간]에 안경이 날아가 버렸다.

「～해서는 안 될」 시리즈

087 ～べからず / ～べからざる ＋ 명사

【～하지 마라, ～하지 말 것 / ～해서는 안 될 ＋ 명사】

접속 동사-기본형

핵심 「～べきだ(～해야 한다)」—〈부정〉→「～べきではない(～해서는 안 된다)」—〈예스러운 표현〉→【～べからず(～하지 마라, ～하지 말 것)】!! 「～べきではない」의 예스러운 표현으로, 오늘날은 문어체로서 또는 속담이나 간판, 게시물에 자주 사용하는《금지표현》이다. 개인적인 판단이 아니라「사회적 통념상 용서(허용)되지 않는다」라는 판단을 나타낸다. 뒤의 명사를 수식하는 경우에는【～べからざる ＋ 명사】의 형태가 된다.
＊「する」는,「すべからず / すべからざる」의 꼴로도 쓰인다.

例) 芝生に入るべからず。 ＜간판·게시＞
　　잔디밭에 들어가지 마라[말 것].

例) 関係者以外、立ち入るべからず。 ＜간판·게시＞
　　관계자 외 출입금지.

例) ここにゴミを捨てるべからず。 ＜간판·게시＞
　　여기에 쓰레기를 버리지 말 것.

例) 『初心、忘るべからず。』 ＜ことわざ＞
　　당초 결심을 잊지 말지어다. 〈속담〉

例) 『働かざる者食うべからず。』 ＜ことわざ＞
　　일하지 않는 자는 먹지도 마라. 〈속담〉

例) 木村選手は、我がチームにとって欠くべからざる存在です。
　　기무라 선수는, 우리 팀에 있어서 없어서는 안 될 존재입니다.

例) 彼は妻に対して言うべからざることを言ってしまったと、独りで悩んでいる。
　　그는 아내에게 해서는 안 될 말을 하고 말았다며, 혼자 괴로워하고 있다.

例) それは絶対に許すべからざる行為だ。

그것은 절대로 용서해서는 안 될 행위이다.

~まじき + 명사

【~해서는 안 될[안 되는], ~답지 못한 + 명사】

접속 동사-기본형

핵심 그 사람의 직업이나 사회적인 입장을 생각했을 때, 〈용서받지 못할 행위나 태도〉에 대해 비난의 기분을 담아서 말하는 표현이다. 예스러운 문어체 표현이며, 오늘날 구어로 쓰이는 것은 「~にあるまじき / ~としてあるまじき」 정도이나 격식 차린 장소에서만 사용된다.

例) 幼児を虐待して死に至らせるとは、まったく親にあるまじきことだ。

유아를 학대해서 죽음에 이르게 하다니, 정말로 부모에게 있어서는 안 될 일이다.

例) 彼は暴言や暴力など、教師としてあるまじき言動を繰り返してきた。

그는 폭언이나 폭력 등 교사로서 있어서는 안 될 언동을 되풀이해 왔다.

例) 公務員にあるまじき収賄事件が発覚し、日本中が大騒ぎになっている。

공무원에게 있어서는 안 될 수회[수뢰] 사건이 발각되어, 일본 전체가 떠들썩하다.

例) 学校でタバコを吸うなど、学生にあるまじき行為だ。

학교에서 담배를 피우는 등, 학생에게 있어서는 안 될 행위다.

例) 患者のプライバシーを他の人に漏らすなんて、医者としてあるまじき行為だ。

환자의 프라이버시를 다른 사람에게 누설하다니, 의사로서 있어서는 안 될 행위다.

例) 盗みを働くなんて、人としてあるまじき行為だ。

도둑질을 하다니 사람으로서 있어서는 안 될 행위다.

「〜べく」시리즈

088 〜べく

【〜하고자, 〜하려고, 〜하기 위해】
☞ 〜しようと(思って) 〈목적〉

접속 동사-기본형

핵심 「(당연히 해야 한다고 생각하는 것을) 〜하려고 생각해서」라는 《목적》을 나타내는 문어체적인 표현이다. 「〜ために」로 바꿔 쓸 수 있지만, 「〜べく」에는 개인적인 의지라기보다 당연한 의무라는 기분이 담겨 있다. 전건에는 주로 「의무나 방침으로써, 하지 않으면 안 된다고 정해진 것」이 온다.

＊「する」는, 「すべく」의 꼴로도 쓰인다.

例) 首相はドイツで開かれるサミットに出席す(る)べく、
午後3時に成田を発った。
총리는 독일에서 개최되는 서밋[정상 회담]에 참석하기 위해, 오후 3시에 나리타를 출발했다.

例) 政府は地球温暖化防止に貢献す(る)べく、各社に「クールビズ・ウォームビズ」を推奨し、冷暖房温度の適正化を図っている。
정부는 지구온난화 방지에 공헌하기 위해, 각 회사에 「쿨비즈·웜비즈」(온도에 맞는 캐주얼 비즈니스 스타일)을 권장하여 냉난방 온도의 적정화를 도모하고 있다.

例) 多くの企業や市民団体が被災者を救援す(る)べく、
被災地の仙台に向かった。
많은 기업과 시민단체가 이재민을 돕기 위해, 피해지인 센다이로 향했다.

例) 本市は、今後とも住民の要望に応えるべく、
治安維持や犯罪の未然防止に全力を尽くしてまいります。
본 시는 앞으로도 주민의 요망에 부응하기 위해, 치안유지와 범죄 미연방지에 전력을 다해 가겠습니다.

～べくもない

【(하고 싶어도, 하려고 해도) 도저히 ～할 수(도) 없다, ～할 방도가 없다】
☞ ～しようと思ってもできない 〈불가능〉

접속 동사-기본형
핵심 「(그러길 바라지만) 실제는 도저히 할 수 없다」라는 《불가능》의 표현으로, 「～したくてもできない」「～しようにもできない」로 바꿔 쓸 수 있다. 개인의 능력이라기보다, 주위의 조건이나 사회적 이유로 「희망이 방해 받고 있다」라는 느낌이다.

例) このような医師不足の状況が続く限り、
質の高い医療サービスなど、期待す(る)べくもない。
이러한 의사부족 상황이 계속되는 한, 질 높은 의료 서비스 따위는 기대할 수(도) 없다.

例) こんなに予算が削られては、新しい事業の成功は望むべくもない。
이렇게 예산이 삭감되어서는 새로운 사업의 성공은 바랄 수(도) 없다.

例) こんなに不動産価格が高騰しては、
一般サラリーマンにはマイホームなんて手に入れるべくもない。
이렇게 부동산 가격이 올라서는, 일반 샐러리맨은 자기 집 같은 것은 가질 수(도) 없다.

「～더 낫다」

089 ～ましだ

【～(쪽이) 더 낫다】

접속 方が～ / より(は)～
핵심 「양쪽 다 싫어하지만, 어느 쪽인가를 선택해야 한다면 이쪽이 조금은 더 낫다」라는 《비교 문형》이다.
✐ 増し : 불음, 많아짐, 증가. 〈접미어〉 // 더 나음, 더 좋음. 〈な〉

例) 降伏（こうふく）するより死（し）んだ方（ほう）がましだ。
　　항복하는 것보다 죽는 편이 더 낫다.

例) 途中（とちゅう）で止（や）めるよりは、最初（さいしょ）からやらない方（ほう）がましだ。
　　도중에 그만두는 것보다는 처음부터 하지 않는 편이 더 낫다.

例) あの人（ひと）と結婚（けっこん）できないくらいなら、独身（どくしん）のままでいた方（ほう）がましだ。
　　그 사람과 결혼 못 할 바에는, 독신인 채로 있는 편이 더 낫다.

「～다워지다, ～같다」

090 ～めく

【～다워지다, ～인 듯하다, ～답다, ～같다, ～처럼 보이다】

접속　명사
핵심　「충분히 ～는 아니지만, ～의 느낌이 든다」라고 말하고자 할 때 사용하는 표현이다. 주로 「春（はる,봄）・秋（あき,가을）・皮肉（ひにく,빈정거림, 비꼼）・冗談（じょうだん,농담）・謎（なぞ,수수께끼）・脅迫（きょうはく,협박）」 등의 한정된 명사에 접속하여 동사처럼 사용하며, 활용은 1그룹(5단) 동사와 같다.

例) 草木（くさき）も芽（め）を吹（ふ）きはじめ、いよいよ春（はる）めいてきましたね。
　　초목도 싹이 트기[나기] 시작하고, 마침내[드디어] 봄다워졌네요[봄기운이 도네요].

例) 最近（さいきん）、朝晩（あさばん）はめっきり涼（すず）しくなり、しだいに秋（あき）めいてきた。
　　요즘 아침저녁은 부쩍 선선해져 점점 가을다워졌다[가을기운이 돈다].

例) そんな皮肉（ひにく）めいた言（い）い方（かた）は慎（つつし）んだ方（ほう）が良（い）い。
　　그런 비꼬는[빈정대는, 비야냥거리는] 듯한 말투는 삼가는 편이 좋다.

例) 冗談（じょうだん）めいた告白（こくはく）は、たとえ好（す）きな相手（あいて）であってもNOの返事（へんじ）に変（か）わることもある。
　　농담 같은[섞인] 고백은, 설령 좋아하는 상대일지라도 NO라는 답변으로 바뀌는 경우도 있다.

例) 彼はいつも謎めいた話し方をして、本当は何を言っているか分からない。
그는 항상 수수께끼 같은 말투여서, 사실은 무슨 말을 하는지 모르겠다.

例) A立候補者には、脅迫めいたメールが頻繁に届いていたそうだ。
A입후보자에게는 협박조의 메일이 빈번히 도착했다고 한다.

> 「~도 하는 둥 마는 둥」

091 ～もそこそこに

【~도 하는 둥 마는 둥】

접속 명사

핵심 「적당히 끝내고」라는 의미이다. 뭔가를 서둘러서, 「일을 보통보다 훨씬 간단하게 하거나, 제대로 하지 않거나 하는 상황」을 나타낸다.
* 수사에 붙는 경우에는 「많아야 ~정도」라는 어감의 접미어이다.

 ✎ そこそこ : 《「~もそこそこに」의 꼴로》 총총히, ~하는 둥 마는 둥. 〈부사〉 //
   《수량을 나타내는 말에 붙어》 많아야 ~정도, ~될까 말까 한 정도, ~안짝.
   〈접미어〉

例) 挨拶もそこそこに、息子は急いで家を出ていった。
인사도 하는 둥 마는 둥, 아들은 서둘러 집을 나갔다.

例) 夫は、朝ご飯もそこそこに、仕事に出かけた。
남편은 아침식사도 하는 둥 마는 둥 하고, 일하러 나갔다.

例) 彼女は後片付けもそこそこに、急いで帰宅した。
그녀는 뒷정리[뒤처리]도 하는 둥 마는 둥 하고, 서둘러 귀가했다.

例) 地域住民への説明もそこそこに、原子力発電所の建設が進められている。
지역주민에게 설명도 제대로 하지 않고, 원자력 발전소의 건설이 추진되고 있다.

* 二十歳(はたち)そこそこの若造(わかぞう)。
스무 살 될까 말까 한 애송이.

* 5百円(ひゃくえん)そこそこしかない。
많아야 500엔 정도밖에 없다.

「~이나 다름없다」

092 ~も同然(どうぜん)だ

【~이나 다름없다, ~한 거나 다름없다】

접속 명사 / 동사-과거형
핵심 「사실은 그렇지 않지만, 전건에 제시된 내용과 거의 같은 상태라는 의미」를 나타낸다.
 ✎ 同然(どうぜん) : 동연, 다름없음. <な>

例) 私達(わたしたち)は兄弟(きょうだい)も同然だ。
우리는 형제나 다름없다.

例) 交通事故(こうつうじこ)に遭(あ)った彼(かれ)は、今(いま)、意識不明(いしきふめい)の状態(じょうたい)で死(し)んだも同然だ。
교통사고를 당한 그는, 지금 의식불명 상태로 죽은 거나 다름없다.

例) この問題(もんだい)ができたら、合格(ごうかく)したも同然だ。
이 문제를 풀 수 있으면 합격한 것이나 다름없다.

例) こんなに点差(てんさ)が開(ひら)いては、もう勝負(しょうぶ)は付(つ)いたも同然だ。
이렇게 점수 차이가 벌어져서는 이미 승부는 난 것이나 다름없다.

例) 仕事(しごと)が面白(おもしろ)ければ、人生(じんせい)は半(なか)ば成功(せいこう)したも同然と言(い)えるでしょう。
일이 재미 있으면, 인생은 반쯤은[거지반] 성공한 것이나 다름없다고 할 수 있겠죠.

「~(했을) 것을, ~(했을) 텐데」

093 ~ものを

【~것을, ~할 것을, ~하련만, ~했을 것을, ~했는데, ~했을 텐데】

접속 な형용사-な・だった /
い형용사-보통형 (기본형・과거형) /
동사-보통형 (기본형・과거형)

핵심 「~하면[했으면] 문제는 없는데[없었는데]」라는 의미이다. 「실제로 그렇게 하지 않은 결과, 바람직하지 않은 사태를 불러일으킨 것」에 대한 비난・불평・불만・원망・후회・유감의 기분을 나타내는 데에 사용되는 경우가 많다. 가정표현 「~ば・~たら・~ても」와 호응해서, 「~ば ~ものを」「~ても ~ものを」의 형태로 주로 쓰인다. 의미상 「~のに」로 바꿔 쓸 수도 있는데, 「~ものを」는 비난・불평・불만・원망・후회・유감의 감정을 강하게 나타내는 표현이다. 회화체로서 「~もんを」의 형태로 쓰이는 경우도 있다.

＊ 뒤에 오는 문장이 생략되는 경우도 많다.

例) 嫌なら嫌だときっぱりと断ればいいものを、
　　曖昧な返事をするから、こんな始末になるんだよ。
　　싫으면 싫다고 딱 잘라라 거절하면 좋을 것을[좋으련만],
　　애매하게 답변하니까 이런 결과[형편, 꼴]이 되는 거야.

例) 知っていたら教えてあげられたものを、私も全然知らなかったんです。
　　알고 있었더라면 가르쳐 주었을 것을[텐데] 저도 전혀 몰랐어요.

例) 黙っていれば分からなかったものを、どうして余計なことを言っちゃったの？
　　잠자코 있으면 몰랐을 것을[텐데], 왜 쓸데없는[불필요한] 말을 했어?

＊ 昨日、羽田に着いたの？ それならそうと言ってくれてたら、
　　空港まで迎えに行ったものを・・・。
　　어제 하네다에 도착했어? 그럼 그렇게 말해 줬더라면 공항까지 마중 갔을 것을[텐데]・・・

* もっと早く治療を受けていれば、ここまで酷くはならなかったものを・・・。

좀 더 빨리 치료를 받았더라면 이 지경까지 심해지지는 않았을 것을[텐데]…

「～을 제외하고, ～말고는, ～외에는」

094 ～をおいて(ほかに) ～ない

【～외에(는), ～말고(는), ～을 제외하고】

접속 명사

핵심 【～をおいて】는 「～외에는, ～을 제외하고」라는 의미이다. 주로 「～をおいて(ほかに) ～ない[いない]」의 형태로, 「～외에(는) 달리 대신할 만한 사람・것・때・장소・방법은 없다」「그것과 비교할 수 있는 것은 따로 없다」라고 강하게 잘라 말하는 표현으로, 대개 사람을 높이 평가할 때 사용하지만 사람이 아닌 경우도 있다.

✐ 置く: 놓다, 두다 / 제쳐놓다, 제외하다, 별도로 하다. 〈타〉

例) 彼をおいてほかにこの仕事を任せられる人はいないと思います。

그를 제외하고[그 말고는, 그 외에는] 이 일을 맡길 수 있는 사람은 없다고 생각합니다. 〈사람〉

例) 結婚相手は彼女をおいては考えられない。

결혼상대는 그녀를 제외하고는[그녀 말고는, 그녀 외에는] 생각할 수 없다. 〈사람〉

例) 李君は自分の才能を生かせる場は日本をおいてほかにないと、日本留学を決めた。

이 군은 자신의 재능을 살릴 수 있는 곳은, 일본을 제외하고
[일본 말고, 일본 외에] 그밖에는 없다며 일본유학을 결정했다. 〈장소〉

例) 今をおいて二度と再びこんな幸運を掴むチャンスはないだろう。

지금을 제외하고[지금 말고는, 지금 외에는] 두 번 다시 이런 행운을 잡을 찬스는 없을 것이다. 〈때〉

例) この病気を治すには手術をおいてほかに方法はない。

이 병을 고치려면 수술을 제외하고 [수술 말고는, 수술 외에는] 달리 방법은 없다. 〈방법〉

「~을 아랑곳하지 않고, ~을 개의치 않고」 시리즈

095 ~をよそに

【~을 아랑곳하지 않고, ~을 개의치 않고, ~을 무시하고】〈-〉

접속 명사

핵심 「~을 무시하고, ~을 남의 일처럼」이라는 의미를 나타낸다. 「~を顧(かえり)みず(~을 염두에 두지 않고)」「~に(も)かまわず(~에(도) 개의치 않고)」와도 유의표현이지만, 【~をよそに】에는 「사실은 자신에게 관계가 있음을 파악해야 함에도 불구하고, 자신과는 관계가 없다는 듯이 남의 일처럼 행동한다」라는 표현으로, 누군가의 행동에 대한 화자의 《비난의 감정》이 강하게 드러나는 표현이다. 그러므로 화자 자신에는 사용할 수 없다.

✏ 余所(よそ) : 딴 곳 / 남, 남의 집 / 무관심, 남의 일. 〈명〉

例) 息子(むすこ)は親(おや)の心配(しんぱい)をよそに毎晩(まいばん)遅(おそ)くまで遊(あそ)びほうけている。

아들은 부모님의 걱정을 아랑곳하지 않고[개의치 않고, 무시하고], 매일밤 늦게까지 노는 데 정신이 팔려있다.

例) 親(おや)の期待(きたい)をよそに、子供(こども)たちは毎日(まいにち)ゲームばかりしている。

부모님의 기대를 무시하고 아이들은 매일 게임만 하고 있다.

例) 収賄事件(しゅうわいじけん)を起(お)こしたその政治家(せいじか)は、国民(こくみん)の非難(ひなん)をよそに、又(また)しても代議士(だいぎし)に返(かえ)り咲(さ)いた。

수회[수뢰] 사건을 일으킨 그 정치가는, 국민의 비난을 아랑곳하지 않고[개의치 않고, 무시하고] 또다시 국회의원으로 복귀했다.

例) 地元住民(じもとじゅうみん)の激(はげ)しい反対(はんたい)をよそに、原子力発電所(げんしりょくはつでんしょ)の建設(けんせつ)が強行(きょうこう)された。

그 고장 주민들의 격렬한 반대를 아랑곳하지 않고[개의치 않고, 무시하고], 원자력발전소 건설이 강행되었다.

~をものともせず(に)

【~을 아랑곳하지 않고, ~을 개의치 않고, ~을 두려워하지 않고】〈+〉

접속 명사

핵심 「~을 조금도 두려워하지 않고, ~을 조금도 걱정하지 않고」라는 의미를 나타낸다. 「위험·곤란·장애를 알고 용감하게 맞서는 모습을 나타내는 표현」으로, 누군가의 용감한 행동에 대한 화자의 《칭찬과 감탄》의 기분이 담겨있는 표현이다. 그러므로 화자 자신에는 사용할 수 없다.

例) 彼は両親の反対をものともせず(に)、
夢を叶えるためにアメリカ留学を決めた。

그는 부모님의 반대를 아랑곳하지 않고, 꿈을 이루기 위해서 미국 유학을 결정했다.

例) 朴選手はひざの怪我をものともせず(に)、決勝戦に出場した。

박 선수는 무릎 부상을 아랑곳하지 않고[개의치 않고, 두려워하지 않고] 결승전에 출전했다.

例) 「まだ子供が一人残っている」と聞くや否や、
彼は危険をものともせず(に)、炎の中へ飛び込んでいった。

「아직 아이가 한 명 남아 있어」라는 말을 듣자마자, 그는 위험을 두려워하지 않고 화염 속으로 뛰어들었다.

例) 彼女は度重なる逆境をものともせず(に)、
その試練に堂々と立ち向かっていった。

그녀는 거듭되는 역경을 아랑곳하지 않고[두려워하지 않고] 그 시련에 당당히 맞서[대처해] 나갔다.

マスターコーナー

＊ 吹雪をよそに、彼は冬山に登った。 <무모하고 어리석은 행위 (−)>

눈보라를 개의치 않고[무시하고] 그는 겨울산에 올랐다.

* 吹雪をものともせず(に)、彼は冬山に登った。 <용기 있는 행위 (+)>
눈보라를 개의치 않고[두려워하지 않고] 그는 겨울산에 올랐다.

「~을 무릅쓰고」

096 ~をおして

【~을 무릅쓰고】 ⟨+・-⟩

접속 명사

핵심 부상이나 병 그리고 반대 등의 《어려운 환경·역경·곤란》을 각오하면서까지 무언가를 할 때에 사용한다. 「~のに」에 가까운 의미이다.

✎ 押す: (이쪽에서 저쪽으로) 밀다 / (위에서) 누르다 / 억지로 하다, 무리하게 하다. ⟨타⟩

例) 監督の反対をおして怪我をしているのに試合に出た。
감독의 반대를 무릅쓰고 부상 중인데도 시합에 나갔다.

例) 彼は危険をおして冒険に出た。
그는 위험을 무릅쓰고 모험에 나섰다.

例) 嵐をおして出発する。
폭풍우를 무릅쓰고 출발하다.

例) 私の妹は親と周囲の反対をおして彼と結婚した。
내 여동생은 부모님과 주위의 반대를 무릅쓰고 그와 결혼했다.

10 연습문제

問題5．次の文の(　)に入れるのに最もよいものを、1、2、3、4から一つ選びなさい。

1 くしゃみをした(　　)、持ってたコーヒーをこぼしてしまった。

 1 次第　　　　　　　　2 なり

 3 弾みに　　　　　　　4 や否や

2 「いくら注意しても、私の部下は何度も同じミスを繰り返しています。私は注意し続けるべきでしょうか。それとも本人が気づくまで、もう何も言う(　　)。」

 1 べきでしょうか

 2 べきなのでしょうか

 3 べきではないのでしょうか

 4 べきなのではないでしょうか

3 強権的(きょうけんてき)に物事を進めるのは民主主義国家としてある(　　)姿だ。

 1 まい　　　　　　　　2 べき

 3 までの　　　　　　　4 まじき

4 市民の皆様のご期待に応えるべく、(　　)。

 1 決意を新たにし、全力を尽くしてまいるつもりです

 2 手伝っていただけませんか

 3 大変な仕事に違いないと思います

 4 どうすればいいでしょうか

5 最近めっきり春めいて、(　　　)。

　1 庭の梅の花も、桜も咲きました

　2 なかなか春にならないですね

　3 早く暖かくなってほしいです

　4 新学期の季節ですね

6 知らせてくれれば空港まで迎えに行ったものを、どうして(　　　)。

　1 こんなに早く着いたんですか

　2 知らせてくれなかったんですか

　3 船で帰国したんですか

　4 知らせようとしたんですか

7 この仕事の適任者は経験の豊かな彼女をおいてほかに(　　　)。

　1 いるまい　　　　　　2 いるだろう

　3 いないだろうか　　　4 いなくない

8 隣国の反対をよそに、総理大臣は(　　　)。

　1 過去の歴史をちゃんと認めなければいけない

　2 外交摩擦に飛び火する可能性があると懸念を表明した

　3 慰安婦(いあんふ)問題に対して必ず正式謝罪すべきだ

　4 靖国(やすくに)神社に参拝してしまった

9 今度の大統領選挙でA候補者は対立候補からの攻撃をものともせずに、(　　　)。

　1 選挙運動を積極的に行った

　2 選挙に立候補することができる

　3 選挙に立候補することができない

　4 選挙で負けてしまった

10 被災者たちは、「(　　　)ざる恐怖におびえながらの避難生活だった」と涙ながらに、その時の状況を語ってくれた。

　　1 見せる　　　　　　2 見える
　　3 見せて　　　　　　4 見え

問題6. 次の文の＿★＿に入る最もよいものを、1、2、3、4から一つ選びなさい。

11 今朝、人と＿＿＿＿★＿＿＿＿＿＿＿壊れてしまった。

　　1 拍子に　　　　　　2 ノートパソコンを
　　3 ぶつかった　　　　4 落として

12 今日の総理大臣の発言に対しては、一国のリーダーとして＿＿＿＿＿＿＿＿★＿＿＿＿しまったと、政府内でも非難の声が上がった。

　　1 言って　　　　　　2 言う
　　3 べからざる　　　　4 ことを

13 マイケルジャクソンとは＿＿＿＿★＿＿＿＿＿＿＿日本ではかなり有名な歌手だった。

　　1 比べる　　　　　　2 べくも
　　3 ないが　　　　　　4 彼は

14 朝ご飯も＿＿＿＿＿＿＿★＿＿＿＿の姿は、まるで働き蜂のように見える。

　　1 向かう　　　　　　2 そこそこに
　　3 会社へ　　　　　　4 サラリーマン

15 仕事が面白ければ、人生は ＿＿＿ ★ ＿＿＿ ＿＿＿ 言えるでしょう。

　　1 同然　　　　　　2 成功したも
　　3 と　　　　　　　4 半ば

16 こんな不景気の中、これほど多くの資金調達ができる ＿＿＿ ＿＿＿ ★ ＿＿＿ 考えられない。

　　1 S社を　　　　　2 のは
　　3 おいて　　　　　4 ほかに

17 留学を一ヶ月後に控えた息子は、＿＿＿ ★ ＿＿＿ ＿＿＿ 構えている。

　　1 心配を　　　　　2 よそに
　　3 のんきに　　　　4 周囲の

18 癌による妻の死、交通事故、会社の倒産という ＿＿＿ ★ ＿＿＿ ＿＿＿ 一生懸命生きていった。

　　1 せずに　　　　　2 ものとも
　　3 逆境を　　　　　4 彼は

19 鈴木選手は監督の ＿＿＿ ＿＿＿ ★ ＿＿＿ のに試合に出た。

　　1 反対を　　　　　2 している
　　3 怪我を　　　　　4 おして

20 道路工事中につき、大変ご迷惑をおかけしておりますが、＿＿＿ ＿＿＿ ★ ＿＿＿ 申し上げます。

　　1 いただきますよう　2 何卒
　　3 ご理解　　　　　4 お願い

問題7. 次の文章を読んで、 21 から 25 の中に入る最もよいものを、1・2・3・4から一つ選びなさい。

「今の日本で民主主義はきちんと機能しているのか」と考えることがある。政治が民意をくまず、議会でも十分な議論なしに物事が決められているように思えるからだ。

若い世代にも「自分の意見は求められていないし、言っても反映されないだろう」という諦(あきら)めが広がっているのを感じる。だが、 21 時にこそ、政治家の発言を注視する必要がある。一党(いっとう)が強大な権力を握った今、重要な案件さえも多数決で強引に 22 状況にあることも忘れてはならない。

麻生太郎(アソウタロウ)副総理のナチスと憲法についての発言は、撤回(てっかい)されたものの、「今の日本でもうまくやれば、国民が気付かぬうちに社会をファシズムに染めていける」ともとらえられる。民主主義国家の政治家として 23 まじき発言だが、こういう考えが今の政権内にあるのも確かだろう。

知らないうちに黒く大きな流れにのまれ「おかしい」と思っても疑問の声さえ上げられず、 24 自分も流れの一部となっている。これが私のファシズムについてのイメージだ。日本はファシズムを経験し、悔いとともに歩んできた。だからこそ、気づかぬうちに社会を 25 動きには敏感でありたい。

(朝日新聞　2013年 08月 04日)による

21　1 あの民主主義の　　2 どのような
　　 3 こういう　　　　　4 そういう政権の

22 　1 決められかねない　　2 可決されるまい
　　　3 決めがたい　　　　　4 可決させようがない

23 　1 ある　　　　　　　　2 いる
　　　3 うる　　　　　　　　4 おる

24 　1 まして　　　　　　　2 いつしか
　　　3 まんざら　　　　　　4 やたらに

25 　1 染められるものではない
　　　2 染めるまでもない
　　　3 染められるようになる
　　　4 染めようとする

PART 10. 정답

問題5	**1**	3	**2**	3	**3**	4	**4**	1	**5**	1
	6	2	**7**	1	**8**	4	**9**	1	**10**	4
問題6	**11**	3124	**12**	2341	**13**	1234	**14**	2314	**15**	4213
	16	2134	**17**	4123	**18**	3214	**19**	1432	**20**	2314
問題7	**21**	3	**22**	1	**23**	1	**24**	2	**25**	4

PART 11

「시작」「끝」 시리즈

097 ～を皮切りに(して) / ～を皮切りとして

【～을 시작으로, ～을 시발로】〈시작〉

접속 명사

핵심 「～을 시작으로」라는 의미로, 어떤 사항이 출발점이 되어, 그것과 비슷한(동류) 사항[일, 행위] 등이《번성하거나 비약적·본격적으로 전개되어 가는(발전하는) 상황》을 나타내는 표현이다. 이벤트나 사업, 활동 등의 전개상황을 전달하는 경우에 사용되는 경우가 많다. 인위적인 것을 서술하는 표현이므로 자연현상에는 사용하지 않는다.

* 이 문형은 동류의 사항[일, 행위] 등이 계속해서 일어나는 상황을 나타내는 표현이므로, 새로운 사항(행위)의 개시에는 사용할 수 없다. 그 경우에는 「～を切っ掛けに・～を契機に・～を機に(～을 계기로)」를 사용한다.

皮切り: (맨 처음 뜨는 뜸이란 뜻에서) 개시, 시작, 시초. 〈명〉

例) 尾崎豊は東京ドーム公演を皮切りに、全国コンサートツアーを始めた。
오자키 유타카는 도쿄돔 공연을 시작으로 전국 콘서트 투어를 시작했다. 〈東京 ―(확대)→ 全国〉

例) この事件を皮切りに、次々と不思議な事件が起こった。
이 사건을 시작으로 잇달아 이상한 사건들이 일어났다.

例) 彼の発言を皮切りにして、株主たちが次々と立ち上がって意見を述べた。
그의 발언을 시작으로 주주들이 연이어 일어서서 의견을 말했다.

例) 宮崎駿監督は「未来少年コナン」を皮切りとして、「けろっ子デメタン」「銀河鉄道９９９」「隣のトトロ」「千と千尋の神隠し」「ハウルの動く城」など、多くのアニメ作品を発表した。
미야자키 하야오 감독은 「미래소년 코난」을 시작으로, 「개구리 왕눈이」「은하철도 999」「이웃집 토토로」「센과 치히로의 행방불명」「하울의 움직이는 성」 등, 많은 애니메이션 작품을 발표했다.

* 彼を皮切りに(×をきっかけに)、続々と発言者が手を挙げた。

　그를 시작으로 잇달아 발언자가 손을 들었다. 〈동류의 행위〉

* 腰痛になったのをきっかけに(×を皮切りに)、水泳を始めた。

　요통을 계기로 수영을 시작했다. 〈요통(인위적×) / 새로운 행위〉

~を限りに

① 【~을 끝으로】 〈끝·마지막〉
② 【~껏】 〈한계〉

접속　명사

핵심　① 주로 「今回(이번)·今日(오늘)·今月(이번달)·今年(올해)·この~(이~)」 등의 시간을 나타내는 명사에 접속한다. 「~을 마지막으로 (지금까지 계속해왔던 일을 그만두다)」라는 의미를 나타내며, 그만두는 행위의 선악에 관계없이 쓸 수 있다.

②「~의 한계까지 / ~을 전부 내서」라는 의미로, 「声を限りに(목청껏)· 命を限りに(목숨이 다하도록)· 力を限りに(힘껏)」 등 관용적인 표현으로 사용된다.

例) 今日を限りに、煙草をやめることにした。

　오늘을 끝으로 담배를 끊기로 했다.

例) 今回の取引を限りに、今後S社との取引は一切行わない。

　이번 거래를 끝으로 앞으로 S사와의 거래는 일절 하지 않는다.

例) 木村選手は今シーズンを限りに引退するそうだ。

　기무라 선수는 이번 시즌을 끝으로 은퇴한다고 한다.

例)「助けて—」と、彼女は声を限りに(=声の限り)叫んだ。

　「도와주세요」라고 그녀는 목청껏 외쳤다.

例) 我々は力を限りに(=力の限り)戦ったが、惜しくも逆転負けしてしまった。

　우리는 힘껏 싸웠지만 아깝게도 역전패했다.

~をもって

① 【~로, ~으로】〈수단·방법〉
② 【~로, ~으로(써)】〈시작 / 끝·종료〉

접속 명사

핵심 ① 「~で」와 거의 같은 의미·용법을 지니는《수단·방법》의 표현이다. 주로 문서나 격식 차린 장면에서 쓰이는 딱딱한 표현이다.
② 「本日(오늘)·今回(이번)·これ(이것)·날짜」 등의 기간을 나타내는 말에 붙어서, 어떤 일의《시작》이나, 계속되고 있던 일의《끝·종료》를 나타낸다. 주로 공식문서나 인사 등에서 쓰이는 딱딱한 표현이다. 끝이라는 의미일 때는 대부분 「~を限りに(~을 끝으로)」와 바꿔 쓸 수 있다.

例) 結果は、追って書面をもってお知らせします。
결과는 추후에 서면으로 알려드리겠습니다. 〈수단·방법〉

例) 最大限の努力をもって、この企画を成功に導くつもりだ。
최대한의 노력으로 이 기획을 성공으로 이끌 작정이다. 〈수단·방법〉

例) 身をもって体験することが、何より重要だ。
몸으로[몸소] 체험하는 것이 무엇보다 중요하다.

* 君の実力をもってすれば東大も夢ではないだろう。
자네의 실력을 충분히 발휘한다면[실력으로 치자면], 동경대도 꿈은 아닐 것이다.

* 彼の能力をもってしても、政治家になるのは無理だろう。
그의 능력으로라도[능력이라도] 정치가가 되는 것은 무리일 것이다.

例) 4月1日をもって正社員になる。
4월 1일로서[1일자로] 정사원이 된다. 〈시작〉

例) 当社は9月1日をもって住友銀行と合併いたします。
당사는 9월 1일로서[1일자로] 스미토모 은행과 합병합니다. 〈시작〉

例) セールは本日をもって終了させていただきます。

세일은 오늘로 종료하겠습니다. 〈끝·종료〉

例) これをもちまして第50回卒業式を終了いたします。

이것으로 제50회 졸업식을 마치겠습니다. 〈끝·종료〉

「~을 경계로, ~을 분기점으로」

098 ~を境に(して)

【~을 경계로, ~을 분기점으로】

접속 명사

핵심 어떤 일이나 시간이나 장소의《분기점·경계》를 나타내는 표현이다.

境 : 경계 / 갈림길, 기로. 〈명〉

例) 日本の経済は、バブル崩壊を境に(して)、
高度成長から一転して長期不況に陥った。

일본의 경제는 버블경제 붕괴를 분기점으로[경계로], 고도성장에서 일변하여(완전히 바뀌어) 장기 불황에 빠졌다.

例) 人間の脳は40歳あたりを境に(して)衰えていくようになっている。

인간의 뇌는 40살쯤을 경계로[분기점으로] 쇠약해져 가게 되어 있다.

例) 彼女に出会った日を境に(して)、彼の運命は変わった。

그녀를 만난 날을 경계로[분기점으로] 그의 운명은 바뀌었다.

例) この川を境に、向こうが東京です。

이 강을 경계로 건너편이 동경입니다.

「~을 거쳐」

099 ~を経て

【~을 거쳐】

접속 명사

핵심 「(시간·과정·경험·장소)를 거쳐서」라는 의미를 나타낸다.

* 비슷한 용법에 【~を通して(~을 통해서)】가 있는데, 【~を通して】는 장소에는 쓸 수 없다.

✐ 経る: (때가) 흐르다, 경과하다 / (어떤 곳을) 지나다, 거치다, 통과하다 / (단계·과정을) 거치다, 겪다. 〈자〉

例) 約8年の歳月を経て(=を通して)、世界一の高層ビルが完工した。
약 8년의 세월을 거쳐 세계 제일의 고층빌딩이 완공되었다. 〈시간〉

例) 所定の手続きを経て(=を通して)、申請を行ってください。
소정의[정해진] 절차를 거쳐 신청을 해 주세요. 〈과정〉

例) 彼は幾多の困難を経て(=を通して)、今日の地位を築いた。
그는 많은 곤란을 거쳐 오늘의 지위를 쌓았다. 〈경험〉

例) 釜山を出発して、ロシアを経て(×を通して)ヨーロッパまで行く鉄道建設が計画されている。
부산을 출발하여 러시아를 거쳐[경유하여] 유럽까지 가는 철도건설이 계획되고 있다. 〈경유지〉

「어쩔 수 없이 ~하게 되다 / 어쩔 수 없이 ~하게 하다」

100 ~を余儀なくされる / ~を余儀なくさせる

【어쩔 수 없이 ~하게 되다 / 어쩔 수 없이 ~하게 하다】

접속 명사

핵심 「~を余儀なくされる」는, 「자연이나 환경 등 본인의 힘으로는 어쩔 수 없는 강한 힘에 의해 어쩔 수 없이 그렇게 해야만 한다」라는 의미를 나타내는 표현으로, 행위를 나타내는 명사에 접속한다. 「~を余儀なくさせる」와는 반대의 입장이 된다.

- 余儀 : 다른 일, 다른 방법 〈명〉
- 余儀ない : 어쩔 수 없다, 하는 수 없다, 부득이하다. 〈형〉

例) 事故の責任を追及され、社長は辞任を余儀なくされた。
사고의 책임을 추궁받고 사장은 어쩔 수 없이 사임하게 되었다.

例) 佐藤君は病気のため帰国を余儀なくされた。
사토 군은 병 때문에 어쩔 수 없이 귀국하게 되었다.

例) 度重なる怪我や交通事故の後遺症に悩まされていた木村選手は、現役からの引退を余儀なくされた。
거듭되는 부상과 교통사고의 후유증에 시달린 기무라 선수는, 어쩔 수 없이 현역에서 은퇴하게 되었다.

例) 台風の襲来が(私たちに)登山計画の変更を余儀なくさせた。
태풍 내습이 어쩔 수 없이 등산계획을 변경하게 했다.

例) 長期間に及ぶ過労は、彼に2ヶ月近い入院生活を余儀なくさせた。
장기간에 걸친 과로는, 그에게 어쩔 수 없이 2개월에 가까운 입원생활을 하게 했다.

「~하기 위해(서) / ~하기 위한」

101 ~んがため(に) / ~んがための + 명

【~하기 위해(서) / ~하기 위한 + 명】

접속 동사-ない형

핵심 현대어인「~するために」와 같은 의미를 나타낸다. 목적(전건)을 꼭 실현 시키고자 하는 강한 의지가 담겨 있는 표현으로,「꼭 실현시키고자 하는 적극적인 목적을 가지고 어떤 일을 한다」라고 말하고자 할 때 사용한다. 좀 예스러운 말로 회화에서 사용되는 경우는 거의 없지만, 서면이나 스피치 등에서 때때로 사용된다.

＊「する」→「せ」んがため(に)가 된다.

例) 博士論文を完成させんがため(に)[＝完成させるため(に)]、
彼は昼夜を問わず研究に没頭している。
박사논문을 완성시키기 위해서, 그는 주야를 불문하고 연구에 몰두하고 있다.

例) 子供を救わんがため(に)[＝救うため(に)]、
消防隊員は、危険を顧みず炎の中に飛び込んでいった。
아이를 구하기 위해, 소방대원은 위험을 염두에 두지 않고 불길 속으로 뛰어들어 갔다.

例) 富と地位を得んがため(に)[＝得るため(に)]、
彼はいかなる手段と方法も選ばなかった。
부와 지위를 얻기 위해, 그는 어떠한 수단과 방법도 가리지 않았다.

例) これも勝たんがための[＝勝つための]練習だから、耐えなければならない。
이것도 이기기 위한 연습이니까 참지 않으면 안 된다[참아야 한다].

例) 私は夢を叶えんがための[＝叶えるための]努力は惜しまない。
나는 꿈을 이루기 위한 노력은 아끼지 않는다.

11 연습문제

問題5. 次の文の(　)に入れるのに最もよいものを、1、2、3、4から一つ選びなさい。

1 4月1日から、東京をかわきりに、(　　)皆さん、ぜひご来場ください。

1　もう一度東京でコンサートを行いますので
2　各種公演のチケットをお電話でもご予約がいただけますので
3　全国１０箇所でコンサート・ツアーが行われますので
4　二日間にわたって多彩なイベントが行われる予定ですので

2 大学を卒業してから１０年間、この会社でお世話になりましたが、今日(　　)退社することとなりました。

1　をかわきりに　　　　2　をかぎりに
3　をきっかけに　　　　4　を境に

3 審査結果は、一週間後に書面(　　)お知らせします。

1　をもって　　　　　　2　をかわきりに
3　をおいて　　　　　　4　をかぎりに

4 木村社長は本日をもって、この会社を(　　)。

1　お休みになります　　2　訪問されました
3　退職されます　　　　4　30年間経営されている

5 台風の襲来によって、私は登山計画の変更(　　)。

1　に他ならない　　　　2　に相違ない
3　を余儀なくさせた　　4　を余儀なくされた

6 不意に起こった雪崩や猛烈な吹雪が登山計画の中止（　　　）。

　　1 を余儀なくした　　　　　2 を余儀なくなった

　　3 を余儀なくさせた　　　　4 を余儀なくされた

7（店で）

　A:「いつもこの時間帯は待ち行列ができるほど混んでいるのに、
　　　今日は閑古鳥が鳴いているね。」

　B:「毎週月曜日は定休日だったからね。みんな今日も開いていないと思っている
　　　よ、きっと。」

　A:「あ、そっか。どうりで空いてる（　　　）。」

　　1 こともある　　　　　　　2 はずだ

　　3 に決まっている　　　　　4 に違いない

8（インタビューで）

　記者:「原監督、優勝おめでとうございます。監督ご自身の感想を一言（　　　）。」

　監督:「はい。ファン皆さんのご期待に応えることができて本当に嬉しいです。
　　　　皆さんの応援あっての優勝だと思います。」

　　1 お聞かせください　　　　2 お聞きいただけません

　　3 お話になるでしょうか　　4 お話し申し上げましょうか

9 30代（　　　）後半となり、私もそろそろ不惑の仲間入りだ。

　　1 に　　　　2 へ　　　　3 を　　　　4 も

10 親が子供を厳しく仕付けるのは、子供のため（　　　）のことなのだが、子供には
　　その気持ちがなかなか伝わらないようだ。

　　1 を思っても　　　　　　　2 に思っても

　　3 を思って　　　　　　　　4 に思って

問題6. 次の文の ★ に入る最もよいものを、1、2、3、4から一つ選びなさい。

11 彼は、富士山の初登頂(はつとうちょう)に成功した ____ ★ ____ ____ 山に挑戦した。

 1 次々と   2 のを
 3 皮切りに   4 色んな

12 声を ____ ★ ____ ____ かき消されて、よく聞き取れなかったようだ。

 1 叫んだが   2 観客の
 3 限りに   4 歓声に

13 これを ____ ____ ★ ____ お開きとさせていただきます。

 1 披露宴を   2 めでたく
 3 本日の   4 もちまして

14 第二次オイルショックを ____ ★ ____ ____ 自動車が世界的に高い評価を受けた。

 1 さかいに   2 誇る
 3 低燃費・高性能を   4 日本の

15 博士は様々な科学者との共同研究や ____ ____ ★ ____ がアフリカを出て地球を横断する旅に出た原因は、天候の劇的な変化であったという説に辿り着いた。

 1 幾多(いくた)の   2 困難を
 3 人類   4 経て

16 人間は ＿＿＿ ★ ＿＿＿ ＿＿＿ を行ってしまう場合がある。

1 ために 　　　　　　2 生きんが
3 心ならずも 　　　　4 悪事（あくじ）

17 この度は弊社（へいしゃ）のとんだ手違いで大変ご迷惑をおかけしました。＿＿＿ ★ ＿＿＿ ＿＿＿ 。申し訳ございませんでした。

1 まずは 　　　　　　2 深く
3 申し上げます 　　　4 お詫び

18 50周年を迎えるこの伝統ある合唱コンクール全国大会を、ぜひ ＿＿＿ ＿＿＿ ★ ＿＿＿ ものです。

1 今後も 　　　　　　2 いって
3 ほしい 　　　　　　4 続けて

19 なるほど。それで口論になったのか。もちろん悪いのは意地悪いいたずらをした彼だけど、それくらいの ＿＿＿ ＿＿＿ ★ ＿＿＿ 君だよ。

1 怒った 　　　　　　2 も
3 ことで 　　　　　　4 君

20 このような重大なプロジェクトを任され、大変光栄であると共に、その責任の ＿＿＿ ★ ＿＿＿ ＿＿＿ でいっぱいでございます。

1 引き締まる 　　　　2 思い
3 身が 　　　　　　　4 重さに

問題7. 次の文章を読んで、21 から 25 の中に入る最もよいものを、1・2・3・4から一つ選びなさい。

　18日、ドイツのミュンヘンで「オクトーバーフェスト」が開幕した。
　この世界最大のビール祭りは、ミュンヘン市長による「樽開け(注1)」 21 、16日間にわたって、42ヘクタール（東京ドーム約9個分）の敷地で繰り広げられる。さすが世界一のビールの本場とあって、 22 。
　今年は、200周年という歴史的節目(注2)にあたることから、200年前のお祭りムードを再現するヒストリーテントも特別に設置された。ノスタルジックな雰囲気の漂うテントの中では、連日バイエルン地方 23 ダンスやパレード、競馬がそれぞれ1日2回ずつ開催される予定になっており、例年にもまして、多くの集客が見込まれている。「オクトーバーフェスト」といえば、もちろんビールがメインだが、ノンアルコール飲料のバーや、メリーゴーラウンドやジェットコースターのある移動遊園地なども開かれ、家族連れの姿も多く見られる。今やビール好きの大人はもとより小さな子供に至るまで、 24 人々が楽しめる国際的なイベントとなっている。
　日本から来たという観光客の一人は、「さすが、本場は雰囲気 25 全く違う」と興奮気味に語っていた。

(注1) 樽：酒・醤油などを入れる木製の容器。
(注2) 節目：物事の区切り目。

21　1 を皮切りに　　　2 を限りに
　　3 をもって　　　　4 を境に

22
1　きっとドイツのビールは旨いだろう
2　毎年、各国から６００万人以上の観光客が訪れている
3　世界各地から大勢の観光客が集まりそうだ
4　伝統のある祭典に違いない

23
1　ならいざ知らず　　2　ながらに
3　なりに　　　　　　4　ならではの

24
1　祭りが好きな　　　2　ビール以外の酒が飲めない
3　あらゆる　　　　　4　あらん限りの

25
1　からと言って　　　2　からして
3　から言って　　　　4　から見て

PART 11. 정답

問題5	1	3	2	2	3	1	4	3	5	4
	6	3	7	2	8	1	9	4	10	3
問題6	11	2314	12	3124	13	4312	14	1324	15	1243
	16	2134	17	1243	18	1423	19	3142	20	4312
問題7	21	1	22	2	23	4	24	3	25	2

찾아보기

あ

【~あっての】 ~가 있고 나서의, ~가 있어야(성립되는)   19
【~如何】 ~여하, ~여부, ~나름   21
【~如何で(は) / ~如何によって(は)】   22
~여하로(는), ~에 따라서(는) / ~여하에 의해서(는), ~에 따라서(는)
【~如何によらず / ~如何に関わらず / ~如何を問わず】   23
~여하에 의하지 않고 / ~여하에 관계없이 / ~여하를 불문하고
【~(よ)うが / ~(よ)うと】 ~해도, ~하든   24
【~(よ)うが ~まいが / ~(よ)うと ~まいと】 ~하든 ~하지 않든, ~하든 말든   25
【~(よ)うにも ~ない】 ~하려고 해도 ~(할 수) 없다   26

か

【~かい(が)あって】 ~한 보람이 있어서   28
【~かいもなく】 ~한 보람도 없이   29
【~限りだ】 ~할 따름이다, 너무 ~하다, ~하기 그지없다, ~하기 짝이 없다   29
【~かたがた】 ~하는 김에, ~을 겸해서, ~할 겸   42
【~かたわら】 ~하는[인] 한편, ~함과[임과] 동시에   43
【~がてら】 ~하는 김에, ~할겸   41
【~(か)と思いきや】 ~라고 생각했는데 (뜻밖에도, 의외로)   49
【~が早いか】 ~하자마자, ~하기가 무섭게   52
【~(が)故(に)】 ~라서, ~때문에   69
【~からある】 ~이상 되는, ~이나 되는   60
【~からする】 ~이상 하는, ~이나 하는   61
【~から成る】 ~(으)로 되다, ~(으)로 구성되다, ~(으)로 이루어지다   62
【~からの + 명사】 ~이상의, ~이나 되는 + 명사   61
【~嫌いがある】 ~(좋지 않은) 경향이 있다   63
【~極まる / 極まりない】 ~하기 짝이 없다, 너무 ~하다   31
【~如き】 ~같은 〈예시·비유〉   65
【~如く】 ~같이, ~처럼 〈예시·비유〉   66
【~如し】 ~같다 〈예시·비유〉   64
【~ことだし】 ~이니, ~이기도[하기도] 하니, ~이기도[하기도] 하고   66
【~こととて】 ~라서, ~이기 때문에, ~이므로   67

さ

【~始末だ】~지경이다, ~형편이다, ~모양이다, ~꼬락서니다　　79

【~ずくめ】① ~투성이 / ② ~일색　　82

【~ずじまいだ】~하지 못하고 말다, ~하지 못하고 끝나다　　83

【~ずには[=ないでは]いられない】　　84
~하지 않을 수 없다, ~하지 않고는 못 배긴다 〈자연적·본능적〉

【~ずには[=ないでは]おかない】　　86
① ~하지 않을 수 없다, 반드시[꼭] ~해주고야 말겠다 〈(복수·보복) 강한 결의〉
② ~하지 않을 수 없다, 반드시[꼭] ~한다, 반드시[꼭] ~하게 한다[하게 만든다]
　〈자연·자발〉

【~ずには[=ないでは]済まない】　　85
① ~하지 않을 수 없다, ~하지 않고서는 해결[용서]되지 않는다 〈문제·사건〉
② ~하지 않을 수 없다, (자신의 기분상·입장상) 반드시 ~해야 한다 〈상식·상황〉

【~すら / ~ですら / ~にすら】　　88
~조차, ~도 / ~조차, ~라도 / ~에게 조차, ~에게도 〈강조〉

【~そばから】~하자마자, ~하는 족족　　53

た

【~たが最後 / ~たら最後】일단 ~했다 하면, ~하면　　40

【~だけましだ】　　91
~한 것만은 다행이다, ~만으로도 다행이다, 그나마 다행이다

【ただ ~のみだ】단지[오로지] ~뿐[만]이다　　98

【ただ[ひとり] ~のみならず (~も)】단지 ~뿐만 아니라 (~도)　　99

【~たところで (~ない)】~한 들, ~해 보았자 (~않는다)　　100

【~だに】① ~조차 / ② ~하는 것만으로도　　90

【~だらけ】~투성이　　80

【~たりとも (~ない)】~라도 (~않다)　　100

【~たる＋명사(者)】~된, ~될, ~라는, 적어도 ~로서의 자격을 갖춘　　101

【~つ ~つ】~하거나 ~하거나, ~하기도 하고 ~하기도 하고　　102

【~っ放し】① ~한 채 〈계속〉 / ② ~한 채 〈방치〉　　103

【~であれ】~이든, ~라고 하더라도, ~라 할지라도　　46

【~であれ ~であれ】~든 ~든　　47

【~てからというもの】~하고 나서, ~한 뒤로, ~하고부터 (쭉)　　104

【~てしかるべきだ】~하는 것이 당연하다, ~해야 마땅하다　　105

【~てでも】~해서라도　　117

【(これが)~でなくて何だろう】 106
(이것이) ~이 아니라 무엇이란 말인가, (이것이야말로) 바로 ~이다

【~では[じゃ]あるまいし / ~でもあるまいし】 107
~도 아니고 (말이야), ~도 아닌데 (말이야)

【~て(は)敵わない】 116
~해서(는) 견딜 수 없다, ~해서(는) 참을 수 없다, ~할 수 없다, 너무 ~하다

【~てはばからない】 117
~하기를 주저하지[꺼리지] 않는다, 주저하지[꺼리지] 않고 ~하다

【~手前】 (체면상) ~때문에, ~했으니 70

【~てまで】 ~해서까지 118

【~ても差し支えない】 119
~해도 지장이 없다, ~해도 상관없다, ~해도 문제없다, ~해도 괜찮다

【~てやまない】 120
~해 마지않다, 계속[쭉, 어디까지나] ~하다, 진심으로 ~하다

【~と相まって】 ~과 더불어, ~과 어우러져, ~과 합쳐져, ~와 맞물려 121

【~とあって】 ~라서, ~때문에 20

【~とあれば】 (다름아닌 ~을 위해서)라면 20

【~といい~といい】 122
~도 ~도, ~이며 ~이며, ~도 그렇고 ~도 그렇고, ~으로 보나 ~으로 보나

【~というところだ / ~といったところだ】 124
(기껏해야, 잘해야) ~라고 하는 정도이다, ~정도이다, ~다

【~といえども】 (심지어) ~라고(는) 해도, ~라 할지라도 48

【~(とい)ったら(ありはし)ない / ~(とい)ったら(ありゃし)ない】 30
말로 표현할 수 없을 정도로 ~다, 너무 ~하다, 정말이지 ~하다

【~といわず~といわず】 123
~도 ~도, ~이며 ~이며, ~도 그렇고 ~도 그렇고 (할 것 없이 전부)

【~ときたら】 ~은, ~는, ~(으)로 말할 것 같으면 125

【~としたところで / としたって / としても】 126
(설령, 가령) ~라고 해도, ~라고 할지라도, ~라고 한들

【~とは】 127
①~란, ~라는 것은, ~은, ~는 〈정의〉
②~하다니, ~라니 〈놀람〉

【~とはいえ】 ~라고는 하나, ~라고(는) 해도, ~라고는 하지만 47

【~とばかりに / ~と言わんばかりに】 128
(마치) ~라는 듯이 / (마치) ~라고 말하는 듯이, ~라는 듯이

【~と見える】 ~인[한] 것 같다, ~인[한] 듯하다 136

【～ともなく / ～ともなしに】　　　　　　　　　　　137
① 특별히 ~할 생각도[의도도] 없이, 무심코[멍하니, 우연히, 저절로] ~하다
② ~인지 잘 모르지만

【～ともなると / ～ともなれば】~라도 되면, ~가 되면　　138

な

【～ないまでも】　　　　　　　　　　　　　　　139
~하지 않더라도, ~하지 못하더라도, ~까지는 않더라도,
~까지는 아닐지라도, ~하지 않을지언정

【～ない(もの)では[も]ない】　　　　　　　　　140
~하지 못할 것은[도] 없다, ~하지 않는 것은[도] 아니다,
(상황에 따라) ~할 수는[도] 있다

【～ながら(に) / ～ながらの＋명】~하면서, ~서부터, ~인 채로〈그대로〉　　45

【～ながら(も)】　　　　　　　　　　　　　　44
① ~하면서〈동시동작・동시진행〉
② ~이면서(도), ~하면서(도), ~지만〈역접〉

【～なくして(は) ~ない】　　　　　　　　　　70
~없이(는) ~않는다[없다], ~하지 않고(는) ~않는다[없다]

【～なしに ~(ない) / ~なしには ~ない】　　　71
~없이(는) ~(않는다[없다]), ~하지 않고(는) ~(않는다[없다])

【～なら[は]いざ知らず】　　　　　　　　　108
~라면[은] 몰라도, ~라면[은] 모르겠는데, ~라면[은] 모르지만, ~라면[은] 모를까

【～ならでは + 동사(부정) / ~ならではの + 명사(긍정) / ~ならではだ】141
~이 아니면 (안 되는), ~이 아니고는 (할 수 없는) /
~만의 + 명 / ~고유의 것이다, ~뿐이다

【～ならまだしも】~라면 몰라도, ~라면 아직 괜찮지만　　109

【～なり】~하자마자　　　　　　　　　　　　51

【～なり ~なり】~(하)든 ~(하)든　　　　　　　143

【～なりに / ~なりの + 명】~나름대로 / ~나름대로의, ~나름의 + 명　　142

【～にあって(は/も)】~(상황)에 있어서, ~(상황)에서, ~(상황)에　　144

【～に至る / ~に至るまで / ~に至って / ~に至っても / ~に至っては】　145
~에 이르다 / ~에 이르기까지 / ~에 이르러서야 / ~에 이르러서도 / ~에 이르러서는

【～に関わる】~에 관련된　　　　　　　　　153

【～に限ったことではない】~에(게만) 국한된 것은 아니다　　154

【～にかこつけて】~을 구실로, ~을 구실삼아, ~을 핑계로, ~을 핑계삼아　　154

【～に難くない】~하기에 어렵지 않다, (간단히 / 충분히) ~할 수 있다　　156

【～にかまけて】~에 얽매여서, ~에 매달려서, ~에 빠져서, ~에 쫓겨서　　155

【~に越したことはない】 157
~(하는 것)보다 더 나은 것은 없다, ~(하는 것)이 좋다, ~(하는 것)이 최고다

【~にしたところで/にしたって/にしても】 126
(설령, 가령) ~라고 해도, ~라고 할지라도, ~라고 한들

【~にして】 158
① ~에, ~이 되어서야 비로소[겨우]
② ~이기에, ~이기 때문에 비로소, ~만이
③ ~로서도, ~라 할지라도
④ ~임과 동시에, ~인 동시에, ~이면서

【~に即して/~に即した+명】 159
~에 입각하여, ~에 들어맞게, ~에 적합하게, ~에 따라(서) /
~에 입각한, ~에 들어맞는, ~에 적합한, ~에 따른 + 명

【~に堪えない】 162
①(차마) ~할 수 없다
②(너무) ~하다, (정말로) ~하다

【~に堪える】~할 만하다, ~할 가치가 있다 161

【~に足りない/~に足らない】~할 가치가 없다, ~할 필요가 없다 164

【~に足る】~할 만하다, ~할 가치가 있다, ~하기에 충분하다 163

【~にとどまらず(~も/でも/にも/まで)】 171
~에 그치지 않고, ~로 끝나지 않고, ~뿐만 아니라

【~に上る】 172
① ~에 달하다, ~에 이르다 〈수량의 강조〉
② ~에 오르다 〈화제〉

【~に(は)当たらない】 174
(그 정도의 일로) ~할 것까지(는) 없다, ~할 정도는 아니다

【~に(は)及ばない】~할 것까지는 없다, ~할 필요는 없다 175

【~にひきかえ】~와는 반대로, ~와는 달리 178

【~にもまして】~보다도 (더), ~이상으로 180

【~の至りだ】~하기 그지없다, 지극히 ~하다, 매우 ~하다 32

【~の極みだ】~하기 그지없다, ~의 극치이다, 매우 ~하다 33

【~の何の(って)】너무[매우] ~해서 〈강조〉 181

【~の何のと】~하느니 어쩌느니 〈열거〉 181

は

【~は言うに及ばず/~は言うまでもなく】~은 말할 것도 없고[없이] 176

【~は言わずもがな】~은 말할 것도 없고[없이] 178

【~はおろか】~은커녕, ~은 고사하고 176

【~ばこそ (~のだ)】 ~이기에, ~이기 때문에 (~것이다) 68

【~はさておき / ~はさておいて】 183
~은 제쳐두고, ~은 잠시 덮어두고, ~은 잠시 접어두고

【~弾みに / ~拍子に】 ~한 순간에, ~한 바람에, ~한 결에 192

【~ば[たら]それまでだ】 184
~하면 그것으로 끝이다, ~하면 모든 일이 수포로 돌아간다

【~べからず / ~べからざる + 명사】 193
~하지 마라, ~하지 말 것 / ~해서는 안 될 + 명사

【~べく】 ~하고자, ~하려고, ~하기 위해 195

【~べくもない】 196
(하고 싶어도, 하려고 해도) 도저히 ~할 수(도) 없다, ~할 방도가 없다

ま

【~まじき + 명사】 ~해서는 안 될[안 되는], ~답지 못한 + 명사 194

【~ましだ】 ~(쪽이) 더 낫다 196

【~まで(のこと)だ】 185
① ~하면 된다, ~하면 그만이다 〈결의·의지〉
② (단지) ~했을 뿐이다, ~한 것 뿐이다 〈이유·사정〉

【~までもない / ~までもなく】 173
~할 것(까지)도 없다, ~할 필요도 없다 / ~할 것(까지)도 없이, ~할 필요도 없이

【~まみれ】 ~투성이 81

【~めく】 ~다워지다, ~인 듯하다, ~답다, ~같다, ~처럼 보이다 197

【~もさることながら (~が / ~も)】 182
~도 물론이거니와 (또), ~도 무시할 수 없지만, ~도 그렇지만 그뿐 아니라 ~도

【~もそこそこに】 ~도 하는 둥 마는 둥 198

【~も同然だ】 ~이나 다름없다, ~한 거나 다름없다 199

【~ものなら】 27
① ~할 것 같으면, ~했다가는, ~라도 하게 되면
② (만약) ~할 수만 있다면

【~ものを】 200
~것을, ~할 것을, ~하련만, ~했을 것을, ~했는데, ~했을 텐데

や

【~や(否や)】 ~하자마자 50

を

【~をおいて】 ~외에(는), ~말고(는), ~을 제외하고 201

【~をおして】~을 무릅쓰고 204

【~を限りに】① ~을 끝으로 〈끝〉 / ② ~껏 〈한계〉 212

【~を皮切りに(して) / ~を皮切りとして】 211
~을 시작으로, ~을 시발로 〈시작〉

【~を禁じ得ない】 ~을 금할 수 없다 87

【~を境に(して)】 ~을 경계로, ~을 분기점으로 214

【~を踏まえ(て) / ~を踏まえた + 명】 160
~에 입각하여, ~에 근거를 두어, ~을 기반[토대·근거]로 /
~에 입각한, ~에 근거를 둔, ~을 기반[토대·근거]로 한 + 명

【~を経て】 ~을 거쳐 215

【~をもって】 213
① ~로, ~으로 〈수단·방법〉
② ~로, ~으로(써) 〈시작 / 끝〉

【~をものともせず(に)】 203
~을 아랑곳하지 않고, ~을 개의치 않고, ~을 두려워하지 않고

【~を余儀なくされる / ~を余儀なくさせる】 216
어쩔 수 없이 ~하게 되다 / 어쩔 수 없이 ~하게 하다

【~をよそに】 ~을 아랑곳하지 않고, ~을 개의치 않고, ~을 무시하고 202

ん

【~んがため(に) / ~んがための + 명】 217
~하기 위해(서) / ~하기 위한 + 명

【~んばかりに】 (곧 / 당장이라도 / 금방이라도) ~할 듯이 129

작렬 新 JLPT 일본어능력시험 N1 문법

초판 2쇄 발행 2019년 5월 20일

지은이 | 이규환
펴낸곳 | 제일어학
펴낸이 | 배경태
디자인 | 이주연

주소 | 서울시 마포구 공덕동 463 현대하이엘 1728호
전화 | 02-3471-8080
팩스 | 02-6008-1965
e mail | liveblue@hanmail.net
등록 | 1993년 4월 1일 제 25100-2012-24호

정 가 | 13,000원
ISBN 978-89-5621-077-3 13730

이 책은 제일어학이 저작권자와의 계약에 따라 발행한 것이므로,
본사의 허락 없이 어떠한 형태나 수단으로도 이용하지 못합니다.

• 잘못 만들어진 책은 바꿔 드립니다.

국립중앙도서관 출판시도서목록(CIP)

(작렬) 新 JLPT 일본어능력시험 N1 문법 / 지은이: 이규환.
 -- 서울 : 제일어학, 2015
    p. ;   cm

본문은 한국어, 일본어가 혼합수록됨
ISBN 978-89-5621-077-3 13730 : ₩13000

JLPT[Japanese-Language Proficiency Test]
일본어 문법[日本語文法]

730.77-KDC6
495.6-DDC23   CIP2015018950